Tao Kalligrafie zur Heilung und Verjüngung Ihres Rückens

Tao Kalligrafie zur Heilung und Verjüngung Ihres Rückens

Dr. und Master Zhi Gang Sha
#1 *NEW YORK TIMES* BESTSELLER AUTOR

Lob für Dr. und Master Sha

„Das Universum besteht nicht aus Materie, sondern aus Informationen. Informationen, die mit der Struktur des Universums in Einklang stehen, heilen. Die Dao Kalligrafie von Master Sha ist offensichtlich auf die Struktur des Universums ausgerichtet — sie heilt. Dr. und Master Sha ist ein wahrer Bote des Dao."

— Dr. Ervin Laszlo
Gründer des Club of Budapest und
des Laszlo Institute of New Paradigm Research

„Wir, die menschliche Rasse, brauchen mehr Zhi Gang Sha."

— Dr. Maya Angelou
Autor von *Ich Weiß, das der gefangene Vogel singt*

„Praktische, nützliche Informationen und Techniken, um die natürlichen Fähigkeiten des Körpers für die Heilung einzusetzen — ein wunderbarer Beitrag."

— Dr. Wayne Dyer
Autor von *Wishes Fulfilled: Mastering the Art of Manifesting*

„Dr. Sha ist ein wichtiger Lehrer und ein wunderbarer Heiler mit einer wertvollen Botschaft über die Macht der Seele alles Leben zu beeinflussen und zu transformieren."

— Dr. Masaru Emoto
Autor von *Die Antwort des Wassers, Band 1*

„Dr. Sha bietet einen klaren, praktischen Weg, die Geheimnisse der Selbstheilung zu erlernen."

— Marianne Williamson
Autor von *Rückkehr zur Liebe: Harmonie, Lebenssinn und Glück durch „Ein Kurs in Wundern"*

„Dr. Shas Techniken erwecken die Heilkraft, die bereits in uns allen vorhanden ist, und befähigen uns, unser gesamtes Wohlbefinden in unsere eigenen Hände zu legen. Seine Erklärung von Energie und Botschaft und wie sie Bewusstsein, Verstand, Körper und Geist miteinander verbinden, bildet ein dynamisches Informationsnetzwerk in einer Sprache, die leicht zu verstehen und — was noch wichtiger ist, anzuwenden ist."

— Michael Bernard Beckwith

Gründer des Internationalen Spirituellen Zentrums Agape

„Dr. Sha macht geheime Techniken und Erkenntnisse zugänglich, die in der Vergangenheit nur wenigen Auserwählten vorbehalten waren. Er teilt in einfachen Worten die Einsichten und Werkzeuge, die er in mehr als dreißig Jahren harter Arbeit und Disziplin erlangt hat. Er verschafft Ihnen Zugang zu Informationen, die sonst unerreichbar wären."

— Dr. John Gray

Autor von *Männer sind vom Mars. Frauen von der Venus*

„Master Sha ist der bedeutendste Heiler und Lehrer der heute in Nordamerika verfügbar ist. Masterheiler sind selten. Hier ist einer der lebenden Meister der Seelenheilung und ihre Auswirkungen auf Geist und Körper."

— Dr. C. Norman Shealy

Autor von *Life Beyond 100*

„Master Sha's bedingungslose Liebe für die Menschheit wird Ihr Herz öffnen und Ihr Seele berühren. Er ist einer der außergewöhnlichsten und kraftvollsten Menschen, die ich je getroffen habe."

— Barbara DeAngelis

Autor von *Soul Shifts: Transformative Wisdom for Creating a Life of Authentic Awakening, Emotional Freedom and Practical Spirituality*

„Master Sha ist göttlich gesegnet und angeleitet, die Welt und alles, was in ihr ist, zu heilen. Von der kleinsten bis zur größten Situation hat er die treue Gabe der Kraft, die Dinge in Ordnung zu bringen."

— Roberta Flack

Mit dem Grammy ausgezeichnete Musikerin

Veröffentlicht von Heaven's Library Publication Corp.
und Waterside Productions

Heaven's Library Publication Corp.
30 Wertheim Court, Unit 27D
Richmond Hill, ON L4B 1B9 Canada
www.heavenslibrary.com
heavenslibrary@drsha.com

Waterside Productions
2055 Oxford Ave.
Cardiff, CA 92007
www.waterside.com

Übersetzt von Margarete Eisele

ISBN: 978-1-957807-18-8 Print On Demand
ISBN: 978-1-957807-19-5 eBook

Entwurf: Lynda Chaplin
Illustrationen und Umschlag: Henderson Ong
Animationen: Hardeep Kharbanda, Yanan Wu

Inhalt

Liste der Abbildungen

Die Bedeutung der Praxis

DIESES ERSTE BUCH in meiner Tao Kalligrafie Buchreihe enthält seelenheilende Weisheit, Wissen und Praktiken zur Heilung und Transformation Ihrer Gesundheit, Beziehungen, Finanzen und mehr, mit einem Schwerpunkt auf Rückenschmerzen in Kapitel zehn.

Das wichtigste Werkzeug für die Anwendung ist die Tao Kalligrafie. Tao Kalligrafie wird im Einssein mit der Tao Quelle geschrieben. Sie ist eine Kunst jenseits der Kunst, die Ihre Gesundheit, Ihre Beziehungen, Ihre Finanzen, Ihre spirituelle Reise und jeden Aspekt Ihres Lebens heilen und transformieren kann.

Anhand von zwei Tao Kalligrafien, die in diesem Buch enthalten sind, zeige ich Ihnen, wie Sie im Feld der Tao Kalligrafie üben können, um nicht nur Rückenschmerzen, sondern jeden Aspekt des Lebens zu verändern. Die Übungen sind einfach, aber tiefgreifend. Die Praxis ist wesentlich für die Heilung und Transformation jeden Aspekts des Lebens. Praxis ist unerlässlich, damit Sie den größtmöglichen Nutzen erhalten, den ich Ihnen und jedem Leser wünsche.

Üben. Üben. Üben.
Heilen. Heilen. Heilen.
Transformieren. Transformieren. Transformieren.

Zugang zu den Übungsvideos

Verwenden Sie die untenstehende URL oder scannen Sie den QR-Code mit Ihrem Smartphone oder einem anderen geeigneten Gerät, um auf die Videos zuzugreifen. Eine spezielle App ist nicht erforderlich.

https://tchryb.heavenslibrary.com

So scannen Sie einen QR-Code mit Ihrem Android-Gerät

1. Starten Sie die Kamera auf Ihrem Gerät.
2. Richten Sie ihn auf den QR-Code.
3. Folgen Sie den Anweisungen auf Ihrem Bildschirm.

So scannen Sie einen QR-Code mit Ihrem iOS-Gerät

1. Starten Sie die Kamera auf Ihrem Gerät.
2. Halten Sie Ihr Gerät so, dass der QR-Code im Sucher der Kamera erscheint. Ihr Gerät erkennt den QR-Code und zeigt eine Benachrichtigung an.
3. Tippen Sie auf die Benachrichtigung, um den mit dem QR-Code verknüpften Link zu öffnen.

Vorwort

MEINE EHEFRAU GAYLE und ich arbeiten seit einem Jahrzehnt eng mit Dr. und Master Sha zusammen. Ich habe persönlich mehrere seiner wichtigsten Bücher betreut, angefangen im Jahr 2013 mit *Wunder der Seelenheilung,* das ein Nummer 1 Bestseller bei Amazon war. Bis heute hat Master Sha elf *New York Times* Bestseller veröffentlicht, von denen vier die Nummer 1 erreichten.

Im Jahr 2014 schrieb ich *Miracle Soul Healer: Exploring a Mystery,* eine Biografie über Master Sha, in der ich seine Heilpraktiken untersucht habe und Hunderte von „medizinischen Wundern" bestätigen konnte. Dr. Peter Hudoba, ein ehemaliger Neurowissenschaftler, hat weltweit neunzehn klinische Studien mit mehr als sechshundert Probanden geleitet, die die Methoden und Praktiken von Dr. und Master Sha angewendet haben. Alle Forschungsergebnisse in den relevanten Studien zeigten signifikante Verbesserungen des Wohlbefindens.

Ich habe einen Hochschulabschluss in medizinischer Anthropologie von der Harvard University. Eine meiner ersten wissenschaftlichen Studien wurde in der Zeitschrift *Yale Scientific* veröffentlicht, als ich in Yale studiert habe. Ich kann bestätigen, dass die Heilungen, die Master Sha und seinen geschulten Heilern zugeschrieben werden, weit über jede statistische Korrelation hinausgehen, die man dem Placebo-Effekt zuschreiben könnte. Obwohl sich der genaue Mechanismus für die erstaunlichen Ergebnisse von

Master Sha der derzeitigen wissenschaftlichen Erklärung entziehen vermag, könnten neue Erkenntnisse in der Quantenphysik und anderen Bereichen, die das neue Paradigma der „postmaterialistischen Wissenschaft" schaffen, Einblicke in das Verständnis dessen bieten, was bis jetzt ein wissenschaftliches Rätsel und eine Anomalie geblieben ist.

Master Sha sagt, dass das Geheimnis seiner Heilfähigkeiten durch eine Analyse des Tao verstanden werden kann. In diesem Buch wird das Wesen des Tao eingehend erklärt. Tao ist die Quelle. Jedes Element des Lebens ist im Tao enthalten. Wie das funktioniert, erfahren Sie in diesem wunderbaren Buch.

Als Master Sha mich zum ersten Mal als seinen Literaturagenten kontaktierte, tat er dies aufgrund meines Erfolgs mit bekannten spirituellen Autoren und Visionären wie Eckhart Tolle, Neale Donald Walsch, Barbara Marx Hubbard, Barbara DeAngelis, Deepak Chopra und vielen anderen. Als wir uns das erste Mal unterhielten, war Master Sha sehr beeindruckt von dem Erfolg, den mein Unternehmen, Waterside Productions, Inc. mit der Entwicklung der Für Dummies-Buchreihe hatte, die jetzt von John Wiley veröffentlicht wird. Als sein Verleger seit zehn Jahren ist es mein Ziel, dass Master Sha eine Buchreihe erschafft, die so populär und einfach ist wie die Für Dummies-Reihe oder die von meinen Freunden Jack Canfield und Mark Victor Hansen entwickelte Buchreihe Chicken Soup for the Soul. Diese beiden Serien haben sich über fünfhundert Millionen Mal verkauft. Gayle und ich glauben beide, dass die Tao Kalligrafie Buchreihe von Master Sha dieses Maß an Popularität erreichen kann.

Obwohl dieser und künftige Titel der Tao Kalligrafie Reihe von den Lesern ein größeres Engagement erfordern, um die dargestellten Prinzipien vollständig zu verstehen, als die beiden genannten phänomenalen Buchreihen, sind sie auf einer anderen Ebene noch zugänglicher und dürften noch beliebter sein.

Gayle und ich glauben das aus mehreren Gründen. Erstens, und das ist das Erstaunlichste, können die Leser von diesen Büchern profitieren, ohne sie überhaupt zu lesen. Jedes Buch enthält eine oder mehrere Tao Kalligrafien, einzigartige Kunstwerke, die ein Quell-Quanten-Schwingungsfeld enthalten, das dazu dient, bestimmte Beschwerden zu transformieren oder bestimmte Lebenssituationen zu verbessern. Der erste Band, den Sie gerade lesen, behandelt die Heilung des Rückens. Wenn Sie Rükkenschmerzen haben, halten Sie einfach das Bild der Tao Kalligrafie auf der Rückseite des Buches an Ihren Rücken! Sie können Linderung und in manchen Fällen sogar Gesundung erfahren. Sie mögen glauben oder nicht, dass dies möglich ist. Bitte versuchen Sie es. Nicht jeder wird sofort positiv reagieren, aber viele werden es. Master Sha verspricht niemals irgendein Ergebnis mit einer seiner Heiltechniken, und er ermutigt jeden, medizinische Fachleute zu konsultieren und mit traditionellen medizinischen Behandlungen fortzufahren. Dieses Buch ist kein Ersatz für eine medizinische Behandlung. Es ist jedoch ein ergänzender Ansatz, der Hunderttausenden ohne negative Nebenwirkungen geholfen hat. Vor fünf Jahren wurde bei Gayles Tochter Brustkrebs im vierten Stadium diagnostiziert, und sie bekam von Master Sha eine Kalligrafie geschenkt. Das Ärzteteam war erstaunt, als sie nur wenige Monate später keine Anzeichen von Krebs mehr zeigte. Ihre wichtigste Behandlungsmethode war das Nachfahren der Kalligrafie und das Anhören von Master Shas Tao Song Audioaufnahmen. Sowohl Gayle als auch ich waren ungläubig, aber äußerst dankbar. Ihre Tochter ist bis zum heutigen Tag krebsfrei.

Wie Master Sha aus einer alten chinesischen Weisheit zitiert: „Wenn du wissen willst, ob eine Birne süß ist, koste sie." Gayle und ich ermutigen Sie dringend, nach diesem Buch zu arbeiten. Sollten Sie eine positive Erfahrung machen, entweder sofort oder im Laufe der Zeit, und die Übungen weiter machen und das Wissen vertiefen, würden wir uns sehr freuen, von Ihnen zu hören. Bitte mailen Sie dies an TaoCalligraphyField@DrSha.com.

Für diejenigen, die das Wesen der Tao Heilung wirklich verstehen wollen und wissen wollen, warum die Tao Kalligrafie zu einer so wirksamen Heilmethode geworden ist, ist dies das beste Buch, das Sie lesen können. Gayle schlägt vor, dass Sie beim ersten Lesen dieses Buches die chinesischen Schriftzeichen auslassen und sich auf die praktischen Übungen und die zusammenfassenden Schlussfolgerungen in jedem Kapitel konzentrieren. Wer tiefer einsteigen möchte, sollte das Buch ein zweites Mal lesen und sich dabei auf die chinesischen Schriftzeichen und deren Übersetzung ins Englische konzentrieren. Diejenigen, die dieses Buch das zweite Mal lesen, werden belohnt. Die chinesische Kalligrafie ist eine jahrtausendealte Tradition. Die chinesischen Systeme des Tao und der

Energieheilung gehen auf noch frühere Jahrtausende zurück. Die Weisheit, die Dr. und Master Sha in den letzten sechs Jahrzehnten aus seinen Studien und Praktiken gewonnen hat, ist einzigartig. Kein anderer Lehrer oder Visionär auf dem Planeten Erde hat zu dieser Zeit eine so klare Erklärung entwickelt, warum Sie sich selbst heilen können, wenn Sie lernen, Zugang zum Tao, der ultimativen Quelle aller Schöpfung, zu finden. Kein anderer Lehrer gibt Ihnen so einfache und praktische, aber kraftvolle Werkzeuge und Techniken zur Selbstheilung und Selbsttransformation.

Master Shas Anliegen ist es, jeden von uns zu lehren, dass wir uns selbst heilen können, dass wir andere heilen können, und dass wir gemeinsam unseren kostbaren Planeten Erde heilen können. Nutzen Sie dieses Buch und teilen Sie es mit Ihrem Familien- und Freundeskreis. Auf diese Weise tragen Sie zu Ihrem eigenen Wohlbefinden und dem unserer globalen Gemeinschaft bei.

Mit den besten Wünschen, dass Sie in allen Lebensbereichen? Freude und Erfolg erleben.

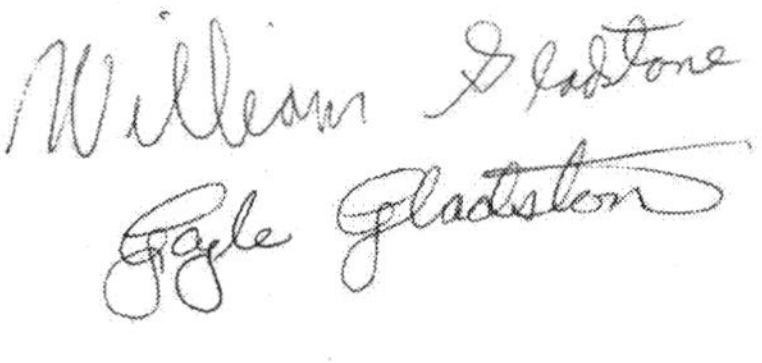

William Gladstone und Gayle Gladstone, Herausgeber von Waterside-Büchern, -Hörbüchern, -Gebrauchsmarken und Online-Kursen

Einführung

DER SINN DES lebens ist es, zu dienen. Diesem Zweck habe ich mein Leben gewidmet. Zu dienen bedeutet, andere glücklicher und gesünder zu machen. Dienen heißt, andere zu befähigen und zu erleuchten.

Millionen von Menschen haben gesundheitliche Probleme. Der Mensch hat vier Körper: den physischen, den emotionalen, den mentalen und den spirituellen. Der Mensch hat unzählige gesundheitliche Einschränkungen in allen vier Körpern.

Millionen von Menschen haben Beziehungsprobleme mit Partnern, Kindern, Eltern, Freunden, Kollegen, Gemeinschaften, Unternehmen, Städten, Ländern, Glaubenssystemen und vielem mehr.

Millionen von Menschen haben finanzielle oder geschäftliche Herausforderungen, die Arbeitslosigkeit, Schulden, Kinderbetreuung, Pendeln, Mitarbeiterbeziehungen, Unternehmensstruktur und -pläne, Finanzkontrolle, Marketing, Wettbewerber, Kunden, Lieferanten, Effizienz, Effektivität und vieles mehr betreffen können.

Überall auf der Welt stehen Millionen von Menschen vor großen Herausforderungen in allen Lebensbereichen — Umwelt, COVID-19, Wirtschaft, Politik, Angst, Depression, Besorgnis und vielem mehr.

Millionen von Menschen studieren und suchen nach Lösungen für alle Arten von aktuellen Herausforderungen und Bedingungen.

Warum leiden Mutter Erde und die Menschheit jetzt?

Gibt es eine Möglichkeit, all diese Herausforderungen zu bewältigen?

Falls es an dem ist, welches ist der Weg und wie können wir ihn nutzen, um die Herausforderungen zu bewältigen?

Dieses Buch beantwortet diese Fragen und mehr. Vor allem aber bietet dieses Buch praktische Techniken zur Bewältigung der Herausforderungen.

In der alten chinesischen Weisheit gibt es eine bekannte heilige Lehre: da Dao zhi jian 大道至简. Das bedeutet, dass *das größte Tao extrem einfach ist*.

Tao ist der ultimative Schöpfer und die Quelle. Tao trägt die Liebe und das Licht der Quelle. Tao trägt die Frequenz und Schwingung der Quelle. Tao trägt die positivste Information, Energie und Materie der Quelle, die jede negative Information, Energie und Materie in jedem Aspekt des Lebens transformieren kann. Tao hat unendliche Fähigkeiten. Tao trägt die höchste Kraft der *Seele über die Materie*, nämlich das Seelenerfülltsein. Seele über Materie bedeutet, dass die *Seele Dinge geschehen lassen kann*. Die Seele kann jeden Aspekt des Lebens transformieren, einschließlich Gesundheit, Beziehungen, Finanzen und die spirituelle Reise.

Ein weiterer wichtiger altehrwürdiger chinesischer Satz ist shu yi zai Dao 书以载道. Das bedeutet, dass die *Kalligrafie verwendet wird, um das Tao zu transportieren.*

Dieses Buch, *Tao Kalligrafie zur Heilung und Verjüngung Ihres Rückens*, wendet hu yi zai Dao durch Tao Kalligrafie Transformierende Kunst an. Diese einzigartige Form der chinesischen Kalligrafie trägt ein Tao Quellfeld, das die Frequenz und Schwingung der Tao Quelle hat, um der Menschheit und Mutter Erde zu dienen.

Ich werde auch das universelle Gesetz vorstellen, das das Gesetz der Schöpfung, der Heilung, der Transformation und der Erleuchtung für jeden Aspekt des Lebens ist. Dieses Gesetz der Schöpfung ist das Informationssystem „Seele über Materie", das jeden und alles regelt.

Ich werde die Zehn Größten Qualitäten der Transformativen Kunst der Tao Kalligrafie weitergeben, die alles Leben transformieren und erleuchten.

Ich wünsche Ihnen, dass dieses Buch Ihnen dabei dienlich sein wird, Herausforderungen in Ihrem Leben zu meistern.

Ich wünsche Ihnen, dass dieses Buch Ihnen helfen wird, Herausforderungen in Ihrer Familie zu transformieren.

Ich wünsche mir, dass dieses Buch der Menschheit helfen wird, gesellschaftliche Herausforderungen zu meistern.

Ich wünsche mir, dass dieses Buch zahllosen Menschen dabei helfen wird, Herausforderungen für Städte, Länder und Mutter Erde zu überwinden.

Ich liebe mein Herz und meine Seele
Ich liebe die ganze Menschheit
Vereinet Herzen und Seelen
Liebe, Frieden und Harmonie
Liebe, Frieden und Harmonie

1

Das universelle Gesetz des Shen Qi Jing: „Seele über Materie" Informationssystem

HIER IST GROSSE altehrwürdige Weisheit in drei Worten: Jing Qi Shen 精氣神. Im *Inneren Kanon des Gelben Kaisers* 黃帝內經, dem frühesten maßgeblichen Buch der traditionellen chinesischen Medizin, wird erklärt, dass Jing die *Materie* ist, Qi die *Energie* und Shen die *Seele* oder der *Geist*, der sich durch Energie und Materie ausdrückt.

Jeder und alles ist aus Shen Qi Jing gemacht.[1] Ein Mensch, ein Tier, ein Haus, ein Ozean, ein Berg, Mutter Erde und unzählige Planeten, Sterne, Galaxien und Universen bestehen alle aus Shen Qi Jing.

Im Allgemeinen können wir Materie sehen und Energie spüren, aber wir können die Seele nicht sehen. Wenn wir zum Beispiel am Ufer eines Ozeans stehen, können wir

[1] Ich drehe die traditionelle Reihenfolge von Jing Qi Shen zu Shen Qi Jing um, weil, wie ich erklären werde, die Seele der Chef ist.

die Energie des Ozeans spüren. Wenn wir uns auf einem Berg befinden, können wir die Energie des Berges spüren. Unter der Sonne können wir die Energie der Sonne spüren. Die meisten Menschen können jedoch die Seele eines Ozeans, eines Berges oder der Sonne nicht sehen, weil die Seele ein Lichtwesen ist. Das Licht einer Seele liegt jenseits des Spektrums des sichtbaren Lichts. Selbst ein hochentwickeltes spirituelles Wesen mit offenen spirituellen Kanälen kann möglicherweise nicht in der Lage sein, Seelen zu sehen.

Dr. Rulin Xiu, eine Quantenphysikerin und Stringtheoretikerin, hat zusammen mit mir die Tao Wissenschaft[2] gegründet. Die Tao Wissenschaft beinhaltet, dass Shen Qi Jing ein universelles Gesetz ist, so wie das Gesetz von Yin Yang und das Gesetz der fünf Elemente universelle Gesetze sind. Dies bedeutet, dass sie für jeden und alles auf unzähligen Planeten, Sternen, Galaxien und Universen gelten.

Das universelle Gesetz des Shen Qi Jing ist das erste grundlegende Gesetz der Tao Wissenschaft. Dieses Gesetz besagt, dass:

Jeder und alles besteht
aus Shen, Qi und Jing.

---

[2] Siehe Zhi Gang Sha und Rulin Xiu, *Tao-Wissenschaft: Die Wissenschaft, Weisheit und Anwendung der Schöpfung und großen Vereinheitlichung* (Cardiff, California/Richmond Hill, Ontario: Waterside Productions/ Heaven's Library Publication Corp., 2021).

Shen umfasst Seele, Herz und Geist. Dieses Herz ist mehr als das physische Herz. Dieses Herz ist der Kern des Lebens.

Qi ist Energie.

Jing ist Materie.

Da Energie und Materie den Körper bilden, können wir das Gesetz des Shen Qi Jing wie folgt umformulieren:

Jeder und alles hat eine Seele,
ein Herz, einen Geist und einen Körper.

Einsteins berühmte Gleichung $E = mc^2$ gibt die Beziehung zwischen der Energie (E) und der Masse (m) eines Körpers aus Materie an. Die Tao Wissenschaft erklärt die Beziehung zwischen Seele, Energie und Materie durch die Gleichung:

$$S + E + M = 1$$

In dieser Gleichung steht das „S" für Shen, das Seele, Herz und Geist umfasst.

Das „E" steht für Qi oder Energie.

Das „M" steht für Jing oder Materie.

Die „1" steht für das Einheitsfeld der Tao Quelle.

Dr. Rulin Xiu und ich sind der Meinung, dass das Einheitsfeld der Tao Quelle das große vereinheitlichte Feld ist, nach dem die Physiker seit Jahrzehnten suchen, um eine große Vereinheitlichungstheorie zu entwickeln, die alle bekannten Felder und Kräfte in Raum und Zeit einbezieht. Ich werde das Tao Einheitsfeld der Quelle in den folgenden Kapiteln näher erläutern.

Die Gleichung S + E + M = 1 drückt aus, dass die Seele, das Herz und der Verstand sowie Energie und Materie sich in einem Einheitsfeld befinden. Wenn dieses Einheitsfeld gestört wird, können alle Herausforderungen des Lebens auftreten, sei es in der Gesundheit, in Beziehungen, in den Finanzen, auf dem spirituellen Weg oder in jedem anderen Bereich.

Um jeden Aspekt des Lebens zu heilen, zu transformieren und zu erleuchten, muss man seine Seele, sein Herz, seinen Geist, seine Energie und seine Materie in Einklang bringen. Dies ist ein universelles Gesetz und die ultimative Wahrheit für alles Leben.

Das Gesetz des Shen Qi Jing ist ein Gesetz der Schöpfung

In diesem Buch werden einige wichtige Weisheiten, Konzepte und Praktiken hervorgehoben und wiederholt. Der Zweck ist, Ihnen zu helfen, ihre Bedeutung zu erkennen und sie in Ihr Herz und Ihre Seele einzuprägen.

Shen umfasst Seele, Herz und Verstand. Seele ist Information oder Botschaft. Das Gesetz des Shen Qi Jing beschreibt ein Informationssystem von Seele über Materie. Dieses Seele über Materie Informationssystem beschreibt den Prozess der Schöpfung, der fünf Ebenen umfasst.

Fünf Ebenen der Schöpfung

Die fünf Ebenen der Schöpfung sind:

Ebene 1. Die Seele ist Information, die Schöpfungskraft hat.

Das Konzept und das Studium der Information sind der Schlüssel zur Quantenphysik und zur Tao Wissenschaft. Vereinfacht ausgedrückt, wenn wir uns jeden und alles als ein Computernetzwerk vorstellen, ist Information wie der Dateninput, der den Output bestimmt, einschließlich der Eigenschaften, des Verhaltens und der Natur eines Systems.

Im spirituellen Sinne ist die Information oder Botschaft die Seele. Für jeden und alles ist die Seele der Speicher der Informationen. Zum Beispiel ist die Seele eines Menschen der Speicher für alle Informationen oder Botschaften, die der Mensch in seinem jetzigen und in früheren Leben angesammelt hat.

Die in der Seele gespeicherte Information hat Schöpfungskraft. „Seele über Materie" bedeutet, dass *die Seele Dinge geschehen lassen kann*. In der Tat kann die Seele jeden Aspekt des Lebens verändern.

Ebene 2. Die Seele lenkt das Herz.

Jeder und alles hat ein Herz. Das Herz ist mehr als nur ein physisches Herz. Das Herz ist das physische Herz, das emotionale Herz, das spirituelle Herz und vieles mehr. Ein Mensch hat ein Herz. Ein Tier hat ein Herz. Hat ein Ozean ein Herz? Hat ein Berg ein Herz? Hat Mutter Erde ein Herz? Ja! Sie alle haben ein Herz. Das Herz ist der Empfänger der Informationen, die von der Seele gespeichert werden. Das Herz ist der Kern des Lebens.

Ebene 3. Das Herz lenkt den Geist.

Geist ist Bewusstsein. Er umfasst das oberflächliche Bewusstsein, das tiefe Bewusstsein, das Unterbewusstsein, das logische Bewusstsein, das imaginäre Bewusstsein, das inspirierende Bewusstsein, das höheres Bewusstsein und vieles mehr.

Das Bewusstsein ist ein großes Thema, das es zu erforschen gilt. Millionen von Menschen wenden Geist über Materie an. Das bedeutet, dass der Verstand Dinge geschehen lassen kann. Millionen von Menschen meditieren. Millionen von Menschen wenden positives Denken an. Millionen von Menschen verwenden positive Gesänge, wie z. B. Affirmationen. All diese Praktiken gehören zu Geist über Materie oder Achtsamkeit.

Der Verstand ist der Prozessor. Denken Sie an eine Fabrik. In der Produktionskette ist das rohe oder nicht zusammengesetzte Material der Input. Am Ende der Kette steht das fertige Produkt. In ähnlicher Weise ist der Input, den der Verstand empfängt, eine Information oder Botschaft der Seele über das Herz. Der Verstand verarbeitet diese Informationen, bewusst oder unbewusst, und trifft dann eine Entscheidung — bewusst oder unbewusst — als „Endprodukt".

Geist über Materie und Achtsamkeit sind großartig. Aber meiner persönlichen Meinung nach reichen sie nicht aus. Die Menschen sind sich vielleicht nicht bewusst, dass Achtsamkeit vom Herzen gesteuert wird. Wir könnten zu Herz über Materie oder Herzensgüte übergehen. Herzensgüte wäre eine Stufe über der Achtsamkeit. In einer altehrwürdigen Weisheit beherbergt das Herz den Geist und die Seele. Die höchste Ebene ist das Seelenerfülltsein, das die Seele über die Materie stellt. Seele über Materie ist die zentrale Lehre in all meinen Büchern und ich wende sie in allen Praktiken an, die ich weitergebe.

Ebene 4. Der Geist lenkt die Energie.

Energie ist die treibende Kraft. Energie treibt die Materie an. Im menschlichen Körper treibt die Energie das Blut an. Ein grundlegender Lehrsatz der Traditionellen Chinesischen Medizin seit ihren Anfängen vor fünftausend Jahren lautet:

Wenn Qi (Energie) fließt, fließt auch Blut.
Wenn das Qi blockiert ist, stagniert das Blut.

Nach dem Verständnis der traditionellen chinesischen Medizin sind alle Zysten, Tumore und Krebserkrankungen auf Qi-Blockaden zurückzuführen. Es gibt eine althergebrachte Aussage:

qi ju ze cheng xing, qi san ze cheng feng
氣聚则成形, 氣散则成风

Qi bedeutet *Energie*. Ju bedeutet *ansammeln*. Ze ist eine Verknüpfung, die auf die Verursachung hinweist. Cheng bedeutet *werden*. Xing bedeutet *Form*. Qi ju ze cheng xing bedeutet, dass *sich Qi ansammelt und eine Form bildet*. Auf diese Weise entstehen eine Zyste, ein Tumor und Krebs.

San bedeutet *zerstreuen*. Feng bedeutet *Wind*. Qi san ze cheng feng bedeutet, das *Qi zerstreut sich wie der Wind, der wegfließt*.

Millionen von Menschen meditieren. Meditation findet auf der Ebene des Geistes statt. Der Geist lenkt die Energie. Wenn Sie sich in Ihrer Meditation zum Beispiel auf Ihre Nieren konzentrieren, wird sich Ihre Energie in Richtung der Nieren bewegen. Der Geist leitet die Energie.

Ebene 5. Die Energie lenkt die Materie.

Blut ist Materie. Wenn Energie fließt, fließt auch Blut. Wenn eine Person sich den Knöchel verstaucht, können die Haut, die Muskeln, die Sehnen und sogar die Knochen um den Knöchel herum verletzt werden. Das Blut stagniert. Blutstagnation verursacht Schmerzen und erschwert die Bewegung.

Die Materie manifestiert die Informationen in unserer physischen Realität. Sie kann die Information transformieren.

Abbildung 1 fasst die fünf Ebenen der Schöpfung im Universellen Gesetz des Shen Qi Jing zusammen.

Die fünf Ebenen der Schöpfung aus dem Gesetz des Shen Qi Jing sind für jeden Aspekt des Lebens entscheidend.

Vor mehr als sechzehn Jahren, am Samstag, den 10. September 2005, war ich mit drei meiner ausgebildeten Seelenheilungslehrer und Heiler im Muir Woods National Monument nördlich von San Francisco. Dort fragte ich das Göttliche direkt: „Liebes Göttliches, könntest du mir ein Lied zur Heilung geben?"

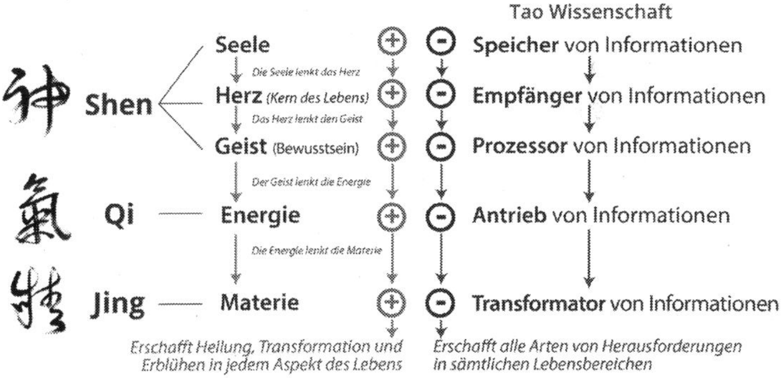

Abbildung 1. Universelles Gesetz des Shen Qi Jing:
Die fünf Ebenen der Schöpfung

Sofort konnte ich mit meinem geistigen Auge einen Strahl aus Regenbogenlicht sehen, der vom Himmel herab in und durch meinen ganzen Körper strömte, von Kopf bis Fuß. Dann öffnete ich meinen Mund. Die folgenden Töne strömten heraus:

Lu La Lu La Li
Lu La Lu La La Li
Lu La Lu La Li Lu La
Lu La Li Lu La
Lu La Li Lu La

Ich wusste sofort, dass dies die Stimme und die Sprache der Seele des Göttlichen war. Das Göttliche sagte mir, dass er mir eines seiner Lieder schenkt, und damit empfing ich die Melodie.

Ich bat das Göttliche, mir die Bedeutung dieser Seelensprache und dieses Liedes zu geben. Ich erhielt zunächst eine Übersetzung ins Chinesische, meiner Muttersprache:

wo ai wo xin he ling 我愛我心和靈
wo ai quan ren lei 我愛全人类
wan ling rong he mu shi sheng 萬靈融合睦世生
xiang ai ping an he xie 相愛平安和谐
xiang ai ping an he xie 相愛平安和谐

Lassen Sie mich Zeile für Zeile erklären.

wo ai wo xin he ling
Wo bedeutet *ich* oder *mein*. Ai bedeutet *lieben*. Xin bedeutet *Herz*. He bedeutet *und*. Ling bedeutet *Seele*. Wo ai wo xin he ling bedeutet ich *liebe mein Herz und meine Seele.*

wo ai quan ren lei
Quan bedeutet *ganz*. Ren lei bedeutet *Menschheit*. Wo ai quan ren lei bedeutet: *Ich liebe die ganze Menschheit.*

wan ling rong he mu shi sheng
Wan ling bedeutet *alle Seelen*. Rong he bedeutet *Verschmelzung zu einer Einheit*. Mu shi bedeutet *harmonische Welt*. Sheng bedeutet *erschaffen* oder *zur Welt bringen*. Wan ling rong he mu shi sheng bedeutet, alle *Seelen verschmelzen zu einer, um eine harmonische Welt zu schaffen.*

xiang ai ping an he xie
Xiang ai bedeutet *Liebe*. Ping an bedeutet *Frieden*. He xie bedeutet *Harmonie*. Xiang ai ping an he xie bedeutet *Liebe, Frieden, Harmonie.*

Dann gab mir das Göttliche die englische Übersetzung, die ich zu seiner Melodie singen sollte:

I love my heart and soul
I love all humanity
Join hearts and souls together
Love, peace, and harmony
Love, peace, and harmony

Ich liebe mein Herz und meine Seele
Ich liebe die ganze Menschheit
Vereinet Herzen und Seelen
Liebe, Frieden und Harmonie
Liebe, Frieden und Harmonie

Das göttliche Seelenlied „Liebe, Frieden und Harmonie" hat Hunderttausende von herzberührenden und erstaunlichen Ergebnissen für Heilung und Transformation hervorgebracht, einschließlich Gesundheit, Beziehungen, Finanzen, die spirituelle Reise und jeden Aspekt des Lebens.

Dieses göttliche Seelenlied erklärt und verkörpert die fünf Ebenen der Schöpfung aus dem Gesetz des Shen Qi Jing sehr gut.

Ebene 1. Die Seele ist Information oder Botschaft, die Schöpfungskraft hat.

Der Vorgang der „Seele über Materie" gestaltet sich wie folgt: Die Seele lenkt das Herz, das Herz lenkt den Verstand, der Verstand lenkt die Energie, die Energie lenkt das Blut, das die Materie ist.

Jede Zeile, jedes Wort dieses göttlichen Seelenliedes ist Information. Das gesamte Göttliche Seelenlied ist eine kraftvolle Ansammlung der positiven Informationen jeder Zeile.

Ich liebe mein Herz und meine Seele
Ich liebe die ganze Menschheit
Vereinet Herzen und Seelen
Liebe, Frieden und Harmonie
Liebe, Frieden und Harmonie

Diese Information hat Schöpfungskraft.

Ebene 2. Die Seele lenkt das Herz.

Die Seele gibt die Information oder Botschaft an das Herz weiter. Das Herz ist der Empfänger der Information. Wenn wir dieses göttliche Seelenlied singen oder auch nur hören, empfängt unser Herz die Informationen oder die Botschaft. Je offener und klarer unser Herz ist, desto vollständiger und tiefer wird unser Herz die Information oder Botschaft von „Liebe, Frieden und Harmonie" empfangen.

Ebene 3. Das Herz lenkt den Geist.

Unser Herz gibt die Information oder Botschaft an unseren Geist weiter. Dieser empfängt die Informationen oder Botschaften und verarbeitet sie.

Ebene 4. Der Geist lenkt die Energie.

Der Geist gibt die Informationen dann an unsere Energie weiter. Die Energie bewegt.

Ebene 5. Die Energie lenkt die Materie.

Energie bewegt Materie. Materie wandelt sich. Blut ist Materie. Die Energie bringt das Blut dazu, fließender zu werden. Dann heilen und transformieren wir.

Das Gesetz des Shen Qi Jing ist ein Gesetz der Schöpfung, das jeden Schöpfungsprozess erklären kann. Ich freue mich, dieses neue Wissen zu veröffentlichen, welches das universelle Gesetz des Shen Qi Jing ein Gesetz der Schöpfung ist, für die Menschheit und Mutter Erde.

Das Gesetz des Shen Qi Jing ist ein Gesetz der Heilung, Transformation und Erleuchtung

Das universelle Gesetz des Shen Qi Jing ist auch ein Gesetz der Heilung, Transformation und Erleuchtung.

Ich habe die Seelenheilungstechnik Sag Hallo vor sechzehn Jahren in meinem Buch *Seele Geist Körper Medizin* veröffentlicht.[3] Vor zwölf Jahren reiste ich nach Indien, um Seelenheilung zu lehren. In einem meiner Workshops kam ein Arzt auf die Bühne und erzählte zwei Seelenheilungsberichte von seinen Patienten.

---

[3] Zhi Gang Sha, *Seele Geist Körper Medizin: Anleitung zur Selbstheilung durch Seelenkraft* (KOHA-Verlag GmbH, 2007).

Der erste Bericht handelte von einer Frau, die seit sieben Jahren unter schwerer Schuppenflechte litt. Ihr ganzer Körper war entzündet und schälte sich mit trockener, schuppiger Haut ab. Der Arzt, ein Hausarzt, leitete diese Frau an, meine Sag Hallo Seelenheilungstechnik durchzuführen. Er lehrte sie zu sagen:

Liebe Seele, Geist und Körper meiner Haut,
Ich liebe dich.
Du hast die Kraft, dich selbst zu heilen.
Mache deine Sache gut!
Danke!

Diese Frau wiederholte die Sag Hallo Seelenheilungsformel, die ich „Seelenkraft" nannte — die Kraft der Seele über die Materie — von morgens bis abends. Innerhalb von zwei Tagen war die Entzündung vollständig verschwunden. Innerhalb von sieben Tagen war die Haut an ihrem ganzen Körper gereinigt und hatte wieder ein normales Aussehen. Dieser Arzt war so beeindruckt, dass er sofort alle meine damals verfügbaren Bücher kaufte und sagte, er wolle sie unbedingt alle lesen.

Die Sag Hallo Seelenheilungstechnik bedeutet Seele über Materie.

Der zweite Bericht des Arztes handelte von einer Frau, die unter einer großen Masse (etwa fünf Zentimeter groß) an ihrer Gebärmutter litt. Der Arzt riet ihr auch, die Seelenheilungstechnik und -formel Sag Hallo zu wiederholen:

Liebe Seele, Geist und Körper meiner Gebärmutter,
Ich liebe dich.
Du hast die Kraft, dich selbst zu heilen.
Mache eine gute Arbeit!
Ich danke dir.

Diese Frau wiederholte die Sag Hallo Formel insgesamt mehr als zwei Stunden pro Tag.

Ich habe jahrzehntelang gelehrt, dass Menschen, die unter chronischen Schmerzen oder lebensbedrohlichen Zuständen leiden, mindestens zwei Stunden pro Tag seelenheilende Übungen machen sollten. Es gibt keine zeitliche Begrenzung. Je länger man übt, desto besser sind die Ergebnisse, die man erhalten kann. Die Anwendung kann auch in kürzeren Abschnitten durchgeführt werden. Ich empfehle mindestens zwanzig Minuten pro Übungseinheit. Bei sehr ernsten und lebensbedrohlichen Zuständen sollte die gesamte tägliche Übungszeit (in beliebig vielen einzelnen Übungseinheiten) mindestens zwei Stunden betragen.

Die Frau mit dem Gebärmuttertumor übte zwei Stunden oder mehr pro Tag. Nach drei Wochen war ihr Tumor verschwunden. Der Arzt sagte in meinem Workshop, dass er kaum glauben konnte, was bei den beiden Frauen allein durch die Wiederholung der Seelenheilungsformel Sag Hallo geschehen war.

Diese beiden Berichte zeigen, dass das universelle Gesetz des Shen Qi Jing auch ein Gesetz der Heilung und Transformation ist. Wie das? Das ist leicht zu verstehen. Die fünf Ebenen der Schöpfung im Universellen Gesetz des Shen Qi Jing können Heilung und Transformation bewirken.

Ebene 1. Die Seele ist Information oder Botschaft, die Schöpfungskraft hat.

Die Sag Hallo Seelenheilungstechnik und -formel ist die Information, die Schöpfungskraft hat.

Ebene 2. Die Seele lenkt das Herz.

Jede Hautzelle hat eine Seele. Jede Hautzelle hat ein Herz. Jede Gebärmuttertumorzelle hat eine Seele. Jede Gebärmuttertumorzelle hat ein Herz. Die Herzen der Haut, der Hautzellen, der Gebärmutter, der Gebärmutterzellen, des Gebärmuttertumors und der Gebärmuttertumorzellen empfangen die heilenden Informationen der Seelenheilungstechnik Sag Hallo. Die Herzen der Zellen leiten die Informationen an den Verstand oder das Bewusstsein der Haut- und Gebärmutterzellen weiter.

Ebene 3. Das Herz lenkt den Geist.

Jede Zelle der Haut, der Gebärmutter und des Gebärmuttertumors hat einen Verstand. Die Köpfe der Zellen empfangen die heilenden Informationen von den Herzen der Zellen. Der Geist verarbeitet die Informationen und gibt sie dann an die Energie weiter.

Ebene 4. Der Geist lenkt die Energie.

Die Energie empfängt die heilenden Informationen aus dem Verstand und bewegt sich. Diese Energiebewegung treibt die Materie an.

Ebene 5. Die Energie lenkt die Materie.

Blut ist Materie. Die Energie treibt das Blut an. Das Blut fließt besser. Das gesamte biochemische Verhalten im Körper könnte sich auf der zellulären Ebene verändern. Die Materie der Haut und des Gebärmuttertumors konnte sich auf zellulärer Ebene umwandeln. So erholten sich die beiden Frauen in kurzer Zeit vollständig.

Die Menschheit leidet an vielen Krankheiten. Seelenheilungstechniken, die die Seele über die Materie stellen, wenden das universelle Gesetz des Shen Qi Jing als Gesetz der Schöpfung, als Gesetz der Heilung und Transformation und als Gesetz der Erleuchtung an (weil es die eigene spirituelle Reise heilen und transformieren kann). Wir haben buchstäblich Tausende von herzergreifenden und bewegenden Ergebnissen von denjenigen erhalten, die die Sag Hallo Seelenheilungs- und Transformationstechnik zur Heilung des physischen Körpers, des Emotionalkörpers, des Mentalkörpers und des spirituellen Körpers sowie zur Transformation von Beziehungen und Finanzen anwenden.

Peter Hudoba, ein Mediziner und Neurowissenschaftler, hat zahlreiche klinische Forschungsstudien mit insgesamt mehr als sechshundert Probanden über die Auswirkungen von Seelenheilungstechniken, einschließlich Tao Quelle Seelenheilung, bei verschiedenen Erkrankungen durchgeführt. In Kapitel elf werden einige der wichtigsten Ergebnisse dieser medizinischen Forschung vorgestellt.

2

Die Tao Wissenschaft erklärt das universelle Gesetz des Shen Qi Jing

DR. RULIN XIU und ich haben die Tao Wissenschaft im Jahr 2016 gemeinsam gegründet.

Dr. Xiu ist Quantenphysikerin und Stringtheoretikerin und hat 1994 an der University of California in Berkeley promoviert. Sie ist auch Unternehmerin, Kräuterkundige, Sängerin, Autorin und ein von meiner Tao Akademie und mir ausgebildeter Master Teacher und eine Heilerin. Tao Wissenschaft ist der Höhepunkt ihrer drei Jahrzehnte währenden Arbeit an einer großen Vereinheitlichungstheorie.

Tao ist die Quelle von allem und jedem. Tao Wissenschaft ist die Wissenschaft der Quelle, der Schöpfung, der Heilung, der Transformation und der Erleuchtung. Tao Wissenschaft ist eine neue, bahnbrechende Wissenschaft, die hilft, Wissenschaft und Spiritualität auf der grundlegendsten Ebene zu vereinen. Die Tao Wissenschaft ist die Wissenschaft von der großen Vereinheitlichung.

Nach altehrwürdiger chinesischer Weisheit, die Teil des universellen Gesetzes von Shen Qi Jing ist, besteht jeder und alles aus drei Dingen: Shen (Seele, Herz und Geist), Qi (Energie) und Jing (Materie).

Die wissenschaftliche Forschung zeigt, dass diese drei Grundbestandteile von allem und jedem — Shen, Qi und Jing — im Allgemeinen drei wissenschaftlichen Konzepten entsprechen: Information, Energie und Materie.

Materie ist das, was wir sehen, hören, fühlen, beobachten und erleben. Sie ist alles in unserer physischen Realität.

Energie ist das, was Materie verändert und bewegt.

Information ist das, was die Form und Gestalt von Materie und Energie bestimmt. Sie ist das, was informiert. Informieren heißt, eine Frage zu beantworten. Fragen können so gestellt werden, dass die Antwort entweder „ja" oder „nein" lautet. Ein Computer tut genau dies, indem er Informationen durch eine Reihe von Nullen und Einsen angibt. Da wir im Informationszeitalter leben, wissen wir, wie wichtig dies ist. Wir wissen zum Beispiel, dass die Informationen über unser Bankkonto brauchen um zu wissen, wie viel Geld wir davon abheben können.

Die moderne Physik zeigt, dass jeder und alles ein Schwingungsfeld ist. Eine Schwingung, auch Welle genannt, ist eine periodische Schwingung, die sich über Raum und Zeit erstreckt. Eine Schwingung wird durch ihre Frequenz, Wellenlänge, Amplitude und Geschwindigkeit beschrieben. Die Frequenz beschreibt, wie schnell die Schwingung schwingt. Die Wellenlänge ist der Abstand zwischen zwei benachbarten Spitzenwerten der

Schwingung. Die Amplitude gibt die Höhe der Schwingung an. Die Geschwindigkeit gibt die Geschwindigkeit an, mit der sich die Schwingung ausbreitet. Unser Schwingungsfeld enthält viele verschiedene Schwingungen. Es ist Träger von Informationen, Energie und Materie.

Obwohl alles, was wir beobachten und erleben, Materie ist, brauchen wir Energie, um Materie zu bewegen und zu verändern, und es ist Information, die Energie und Materie bestimmt. Information bestimmt und erschafft, was wir beobachten und erleben. Die Informationen in unserem Schwingungsfeld bestimmen jeden Aspekt unseres Lebens.

Information besteht aus drei Aspekten: dem Informationsinhalt, dem Informationsempfänger und -sender und dem Informationsverarbeiter.

Wir stellen fest, dass der Inhalt der Informationen in unserem Schwingungsfeld die Seele ist. Da der Inhalt der Informationen jeden Aspekt des Lebens bestimmt, ist die Seele die Essenz unseres Lebens. Sie spielt eine entscheidende Rolle bei der Gestaltung unseres Lebens. Wenn unser physischer Körper aufhört zu funktionieren, bleibt der Informationsgehalt in unserem Schwingungsfeld bestehen. Deshalb setzt unsere Seele ihre Reise fort, auch wenn unser physisches Leben endet.

Das physische Leben ist begrenzt. Die Seele kann ewig sein. Das physische Leben wird durch die Seele bestimmt und gelenkt. Der höchste Zweck unseres physischen Lebens ist es, der Aufgabe unserer Seele zu dienen. Unsere

Seele hat ihre Aufgabe. Wenn wir diese kennen, kann unser physisches Leben reibungsloser verlaufen und eine größere Bedeutung und Wirkung haben.

Wir haben ein physisches Herz und ein spirituelles Herz. Das spirituelle Herz ist das Herz, das in den spirituellen Schriften erwähnt wird. Wir haben entdeckt, dass das spirituelle Herz der Empfänger und der Sender von Informationen ist. Die Antenne eines Radios ist ein Empfänger von Informationen. Sie kann die Schwingungen und Informationen eines Radioprogramms empfangen, das von einem Radiosender ausgestrahlt wird, und macht es uns möglich, die Sendung zu hören. In ähnlicher Weise macht es unser spirituelles Herz, der Empfänger und Sender von Informationen, möglich, die Informationen unserer Seele in unserer Realität zu manifestieren. Ohne die Anwendung unseres spirituellen Herzens wären wir nicht in der Lage, all die positiven Informationen von unserer Seele zu empfangen, die uns befähigen, das Leben zu manifestieren, das wir uns wünschen.

Der Verstand ist der Prozessor von Informationen. Ähnlich wie ein Computer kann unser Verstand Informationen verarbeiten, die wir von unserem spirituellen Herzen erhalten. Das Ergebnis dieses Prozesses ist eine Entscheidung, die bewusst oder unbewusst sein kann. Mit dieser Entscheidung sagt uns der Verstand, was wir zu tun haben. Auf diese Weise lenkt der Verstand die Energie und verändert die Materie, unsere physische Realität.

Bei unseren Untersuchungen haben wir festgestellt, dass es zwei Arten von Informationen gibt: positive und negative.

Positive Informationen beschreiben die Verbindung, Ordnung und Harmonie, die in jemandem oder etwas und mit anderen besteht. Positive Informationen geben einer Seele die Kraft, etwas zu erschaffen, indem sie einfach eine Botschaft übermitteln. Positive Informationen bringen Gesundheit, Langlebigkeit, Frieden, Effizienz, gute Beziehungen, reichliche Finanzen und Erfolg in jedem Aspekt des Lebens. Ein glückliches, gesundes und erfolgreiches Leben baut auf einem soliden Fundament aus positiven Informationen auf. Daher besteht der Sinn des Lebens darin, unsere positiven Informationen zu verbessern.

Negative Informationen sind die Trennung, Unordnung und Disharmonie in jemandem oder etwas und mit anderen. Negative Informationen erzeugen Krankheit, unausgewogene Emotionen, Ineffizienz, Schwierigkeiten in Beziehungen, Blockaden in den Finanzen und mangelnden Erfolg in jedem Aspekt des Lebens. Negative Informationen sind die Ursache für alle Krankheiten, Unglück und Herausforderungen im Leben.

In einem Satz:

Information ist die Hauptursache für Erfolg und Misserfolg in allen Bereichen des Lebens.

Positive Informationen sind die Hauptursache für Erfolg. Negative Informationen sind die Ursache für Misserfolg.

Um unser Leben auf der tiefsten Ebene zu heilen, zu transformieren, zu stärken und anzuheben, müssen wir daher negative Informationen in unserem Schwingungsfeld in positive Informationen umwandeln.

Jeder Mensch und alles ist ein Informationssystem. Unsere Seele, unser Herz und unser Verstand sind drei wichtige Aspekte unseres Informationssystems, das jeden Aspekt unseres Lebens prägt. Unter dem Gesichtspunkt der Information ist Energie die aus der Information resultierende Handlung. Die Materie ist der Transformator der Information und manifestiert diese. Unser physisches Leben ist die Manifestation der Informationen unserer Seele. Was wir in unserem Leben erleben und wie wir es erleben, zeigt unserer Seele die Folgen der Informationen, die sie durch unser Herz, unseren Geist und unseren Körper trägt. Der Zweck unseres physischen Lebens ist es, unserer Seele zu helfen, zu lernen, zu transformieren und auf eine höhere Ebene positiver Informationen gehoben zu werden.

Wenn wir eine bestimmte Botschaft oder Information geben, beginnt die spezifische Information Energie und Materie anzuziehen und zu lenken und führt zu den Phänomenen, die wir beobachten und erleben. Auf diese Weise erschaffen wir unsere eigene Realität und unser eigenes Leben.

Das Gesetz von Shen Qi Jing ist ein Gesetz von Ursache und Wirkung. Informationen, einschließlich Seele, Herz und Geist, sind die Ursache. Unsere physische Realität ist die Wirkung der Information. Das sagt uns, wie wir selbst jeden Aspekt unseres Lebens aus den Informationen erschaffen, die wir durch Denken, Fühlen, Sprechen, Hören, Sehen, Schreiben und andere Handlungen geben und empfangen.

Wenn wir uns ein Leben erschaffen wollen, das wir wirklich wollen, sollten wir diszipliniert sein und die richtigen Informationen, d.h. positive Informationen oder positive Botschaften, über das, was wir im Leben wollen, denken, fühlen, sprechen, hören, sehen, schreiben und vermitteln. Wenn wir denken, fühlen, sprechen, hören, sehen, schreiben und Informationen über das übermitteln, was wir nicht wollen, also negative Informationen, werden wir das erleben, was wir nicht wollen. Deshalb müssen wir aufhören, Dinge zu denken, zu fühlen, zu sprechen, zu hören, zu sehen, zu schreiben und zu tun, die Informationen über das vermitteln, was wir nicht wollen.

Fünf heilige Sätze sagen uns, dass wir es vermeiden sollen, negative Informationen zu empfangen und zu erzeugen:

mu bu wang shi 目不妄视
er bu wang ting 耳不妄听
kou bu wang yan 口不妄言
nao bu wang xiang 脑不妄想
xin wu gua ai 心无挂碍

Diese bedeuten:

Die Augen sehen keine negativen Dinge.
Die Ohren hören keine negativen Wörter oder Töne.

Der Mund spricht keine negativen Worte.
Der Geist denkt keine negativen Gedanken.
Das Herz ist weder besorgt noch beunruhigt.

Buddha lehrte „xin wu gua ai" 心无挂碍. Xin bedeutet *Herz*. Wu bedeutet *nicht*. Gua ai bedeutet, *besorgt zu sein* oder sich zu *sorgen*. Alle Sorgen und Befürchtungen übermitteln negative Informationen, die die Realität dessen schaffen, worüber wir uns Sorgen machen. Wenn unser Herz keine Bedenken, Sorgen, Ängste, Kummer, Wut, Mangelgefühle, Depressionen oder jegliche Negativität hat, können wir das Leben erschaffen und genießen, das wir wollen. Xin wu gua ai ist eine wichtige Weisheit und eine Methode, um ein Leben zu schaffen, das wir wollen.

Die Quelle von allem und jedem ist die Leere. In der Physik wird die Leere als Vakuum bezeichnet. Die Leere hat keine Form oder Gestalt. Sie hat weder Raum noch Zeit. Die Quantenphysik sagt uns, dass es in einem Vakuum oder in der Leere unendlich viele Möglichkeiten und unendlich viele Informationen, Energie und Materie gibt. Jeder und alles kommt aus der Quelle. Die Quelle ist mit jedem und allem verbunden. Deshalb hat die Quelle reine positive Information, Energie und Materie.

Die Schönheit und Kraft dieses Buches entsteht durch die Verbindung mit dem Feld der Tao Quelle, um die Frequenz und Schwingung der Quelle zu empfangen, wie auch die positivsten Informationen, Energie und Materie der Quelle und die höchste Kraft der Seele über die Materie der Quelle, um unsere negativen Informations-, Energie- und Materiefelder zu heilen und zu transformieren.

3

Warum haben Menschen Herausforderungen in jedem Aspekt ihres Lebens?

MILLIONEN VON MENSCHEN leiden an Krankheiten im physischen Körper, einschließlich aller Arten von Schmerzen, Entzündungen, Zysten, Tumoren, Krebs, COVID-19 und vielen anderen Krankheiten.

Millionen von Menschen leiden an Krankheiten des Gefühlskörpers, darunter Wut, Depression, Angst, Sorgen, Trauer, Furcht, Schuld, Scham, Einsamkeit und vielem mehr.

Millionen von Menschen leiden an psychischen Krankheiten wie Konzentrationsschwäche, Gedächtnisschwäche, negativem Denken, Beurteilung, Egoismus und vielen psychischen Störungen wie Schizophrenie, Zwangsstörungen, PTBS und weiteren Einschränkungen.

Millionen von Menschen leiden an Krankheiten im spirituellen Körper, weil die Seele negative Informationen tragen kann. Wie wir durch das universelle Gesetz des Shen

Qi Jing gesehen haben, sind negative Informationen die Ursache für alle Arten von Krankheiten im physischen, emotionalen, mentalen und spirituellen Körper.

Millionen von Menschen haben Probleme in ihren Beziehungen, z. B. zu Partnern, Eltern, Kindern, Geschwistern, weiteren Verwandten, Freunden, Chefs, Angestellten, Kollegen, Organisationen und anderen Menschen.

Organisationen, Glaubenssysteme, Städte, Länder und weitere Bereiche können ebenfalls Probleme mit ihren Beziehungen zueinander haben.

Millionen von Menschen sind mit Umweltproblemen konfrontiert, z. B. mit verschmutzter Luft, verschmutztem Wasser oder verschmutztem Boden, unzureichenden Unterkünften, ungesunder Ernährung, mangelnder Gesundheitsversorgung und vielem mehr.

Millionen von Menschen haben finanzielle Probleme.

Warum haben wir so viele Herausforderungen in allen Lebensbereichen?

Was ist der Schlüssel zum Verständnis all dieser Herausforderungen?

Gibt es eine Lösung für diese Herausforderungen?

Wenn ja, was ist die Lösung?

Ich habe dieses Buch geschrieben, um diese vier Fragen zu beantworten. Vor allem aber habe ich dieses Buch geschrieben, um Ihnen, der Menschheit und Mutter Erde zu dienen.

In einem Satz:

Die Menschheit hat alle Arten von Herausforderungen in Bezug auf Gesundheit, Beziehungen, Finanzen, den spirituellen Weg und jeden Aspekt des Lebens aufgrund von negativen Informationen, Energie und Materie (negatives Shen Qi Jing).

Was ist der Schlüssel zum Verständnis all dieser Herausforderungen? In einem Satz: Der Schlüssel liegt darin, dass das Herz und die Seele von negativen Informationen, Energie und Materie betroffen und beeinflusst werden.

Gibt es eine Lösung für diese Herausforderungen? In einem Satz: Die Lösung für alle Herausforderungen in Bezug auf Gesundheit, Beziehungen, Finanzen, den spirituellen Weg und jeden anderen Aspekt des Lebens ist die Anwendung positiver Informationen, Energie und Materie (positives Shen Qi Ing), um negative Informationen, Energie und Materie zu transformieren.

Positive Information, Energie und Materie

Die Tao Wissenschaft besagt, dass Informationen, Energie und Materie positiv oder negativ sein können. Diese revolutionäre Erkenntnis hilft uns, Krankheit, Heilung und

Transformation zu verstehen. Was sind positive Informationen, Energie und Materie? Positive Informationen, Energie und Materie sind alle Informationen, Energie und Materie, die Ordnung, Verbindung und Harmonie fördern. Positive Informationen, Energie und Materie können Krankheiten heilen und umwandeln, Krankheiten vorbeugen, verjüngen, das Leben verlängern, Beziehungen harmonisieren, Finanzen und Geschäfte fördern und die eigene spirituelle Reise erleuchten.

Es gibt zehn Qualitäten, die die meisten positiven Informationen, Energie und Materie tragen: Größte Liebe, Größte Vergebung, Größtes Mitgefühl, Größtes Licht, Größte Demut, Größte Harmonie, Größtes Erblühen, Größte Dankbarkeit, Größter Dienst und Größte Erleuchtung. Ich werde diese Zehn Größten Qualitäten in Kapitel acht näher erläutern.

Da diese Zehn Größten Qualitäten die positivste Information, Energie und Materie verkörpern, können sie jeden Aspekt des Lebens verändern. Sie tragen die höchste Weisheit. Zugleich entsprechen sie der höchstmöglichen Handlungsweise. Sie tragen die höchste Kraft in sich.

In der altehrwürdigen Weisheit heißt es shu yi zai Dao 书以载道, was bedeutet, dass die *Kalligrafie dazu dient, das Tao zu übertragen*. In diesem Buch teile ich zwei Tao Kalligrafien, die ich geschrieben habe, um einige der Zehn Größten Qualitäten zu übermitteln, um Ihnen zu dienen, aber auch um Familien, der Menschheit, Organisationen, Städten, Ländern und Mutter Erde zu dienen.

Tao Kalligrafie ist die Schrift des Einsseins mit der Tao Quelle. Sie ist Kunst. Es ist eine Kunst jenseits der Kunst, die Gesundheit, Beziehungen, Finanzen, die spirituelle Reise und jeden Aspekt des Lebens heilen und transformieren kann. Ich werde Ihnen nahebringen, wie Sie im Feld der Tao Kalligrafie üben können, um jeden Aspekt des Lebens zu verändern. Die Übungen sind einfach, aber tiefgreifend. Die Ausübung ist entscheidend, damit Sie den größtmöglichen Nutzen erhalten, den ich Ihnen und jedem Leser wünsche.

In einem Satz:

Alle gute Gesundheit, harmonische Beziehungen, erblühende Finanzen und Geschäfte sowie erleuchtete spirituelle Reisen sind das Ergebnis von positiven Informationen, Energie und Materie.

Negative Information, Energie und Materie

Was sind negative Informationen, Energie und Materie? Negative Informationen, Energie und Materie sind alle Informationen, Energie oder Materie, die Unordnung, Trennung und Disharmonie fördern. Negative Informationen, Energie und Materie verursachen Krankheit, Beziehungsprobleme und finanzielle Probleme. Negative Informationen, Energie und Materie blockieren die spirituelle Reise eines Menschen. Negative Informationen, Energie und Materie schaffen Blockaden in jedem Aspekt des Lebens.

Der Mensch hat einen physischen, emotionalen, mentalen und spirituellen Körper.

Im physischen Körper beruht jeder Mangel an Energie, Vitalität oder Ausdauer, jeder Schmerz, jede Entzündung, Zysten, Tumore oder Krebs und alle anderen Krankheiten auf negativen Informationen, Energie und Materie.

Im Emotionalkörper werden Wut, Depression, Angst, Schuld, Scham, Sorgen, Kummer, Furcht und vieles mehr durch negative Informationen, Energie und Materie verursacht.

Im Mentalkörper werden Verwirrung, geistige Störungen, Konzentrationsschwäche, Gedächtnisschwäche, Ego und mehr durch negative Informationen, Energie und Materie verursacht.

Im spirituellen Körper sind negative Informationen, Energie und Materie die Folge davon, dass man die Bedeutung der Seelenreise, die die spirituelle Reise ist, nicht versteht oder erkennt, dass man sich auf seiner spirituellen Reise verliert, dass man Fehler macht, die andere und die Umwelt verletzen und schädigen, und vieles mehr.

Was Beziehungen angeht, so ist jede Disharmonie in jeder Art von Beziehung negative Information, Energie und Materie.

Was die Finanzen betrifft, so sind alle Blockaden in jedem Aspekt der Finanzen negative Informationen, Energie und Materie.

Für ein Unternehmen ist jede Herausforderung in irgendeinem Bereich des Unternehmens eine negative Information, Energie und Materie.

In einem Satz:

Alle Herausforderungen, Blockaden und Misserfolge in Gesundheit, Beziehungen, Finanzen und auf dem spirituellen Weg sind auf negative Informationen, Energie und Materie zurückzuführen.

Wie man Negative Informationen, Energie und Materie transformiert

Die Umwandlung aller Herausforderungen in den Bereichen Gesundheit, Beziehungen, Finanzen, spirituelle Reise und jedem anderen Aspekt des Lebens bedeutet die Umwandlung negativer Informationen, Energie und Materie in positive Informationen, Energie und Materie.

Ich freue mich, Ihnen ein praktisches Werkzeug der Tao Quelle anbieten zu können, dass Ihnen, Ihren Familien, der Gesellschaft, den Organisationen, der Menschheit und Mutter Erde hilft. Dieses praktische Werkzeug heißt Tao Kalligrafie.

Die Tao Kalligrafie erschafft und trägt ein höchst positives Feld der ultimativen Quelle, das negative Felder in allen Lebensbereichen transformieren kann, einschließlich Gesundheit, Beziehungen, Finanzen und der spirituellen Reise. Die Gesundheit umfasst vier Körper: physisch, emotional, mental und spirituell. Ich fahre fort, das Feld der Tao Kalligrafie im nächsten Kapitel zu erklären.

4

Feld

DER ENGLISCHE PHYSIKER und Chemiker Michael Faraday prägte 1849 den Begriff „Feld".

Wissenschaftler und andere haben viele Arten von Feldern identifiziert und untersucht, wie z. B.:

- elektrische
- magnetische
- elektromagnetische
- Schwerkraft
- Temperatur
- Geschwindigkeitsdurchfluss
- Quanten
- und weitere

1920 erkannte Albert Einstein, dass das Konzept eines Feldes, insbesondere eines Gravitationsfeldes, eine genauere Beschreibung der Schwerkraft als einer Kraft darstellt. Schließlich betonte Einstein, dass es im Universum nur eine Realität gibt, nämlich ein Feld.

Die Quantenphysik hat entdeckt, dass alles und jeder im Grunde ein Schwingungsfeld ist, das aus verschiedenen

Oszillationen besteht. Eine Oszillation, auch Welle genannt, ist eine periodische Schwingung, die sich über Raum und Zeit erstreckt. Die Quantenphysik zeigt außerdem, dass unser Schwingungsfeld unsere Qualitäten und Lebenserfahrungen bestimmt. Um ein Mensch mit positiven Eigenschaften und Fähigkeiten zu sein und ein gutes Leben zu führen, brauchen wir ein positives Schwingungsfeld.

Ein gutes Schwingungsfeld ist ein Feld mit positiven Informationen, Energie und Materie. Positive Informationen, Energie und Materie bringen Verbindung, Ordnung und Harmonie. Sie sind die Ursache für gute Gesundheit, harmonische Beziehungen und Erfolg in Finanzen und Beruf. Ein schlechtes Schwingungsfeld ist ein Feld mit negativen Informationen, Energie und Materie. Negative Informationen, Energie und Materie bringen Trennung, Unordnung und Disharmonie mit sich. Sie sind die Ursache von Krankheit, Schwierigkeiten, Herausforderungen und Katastrophen.

Negative Informationen, Energie und Materie im eigenen Schwingungsfeld in positive Informationen, Energie und Materie umzuwandeln bedeutet, Krankheiten zu heilen, Widrigkeiten zu überwinden und Mangel aus der Ursache heraus in Fülle zu transformieren.

Tao ist der ultimative Schöpfer und die Quelle. Das Schwingungsfeld der Tao Quelle enthält unbegrenzte positive Informationen, Energie und Materie. Die Tao Quelle kann alles erschaffen. Sie kann jeden und alles versorgen, unterstützen und nähren. Die Verbindung mit dem

Schwingungsfeld der Quelle ist der höchste und kraftvollste Weg, uns zu heilen, zu transformieren und zu stärken.

Dieses Buch teilt mit der Menschheit, dass das Feld der Tao Kalligrafie ein Feld der Tao Quelle ist, dass das Feld der Tao Kalligrafie existiert und dass das Feld der Tao Kalligrafie verfügbar ist, um Ihnen jetzt zu dienen.

Im ersten Kapitel habe ich das Universelle Gesetz des Shen Qi Jing erklärt, das ein Gesetz der Schöpfung, ein Gesetz der Heilung, ein Gesetz der Transformation und ein Gesetz der Erleuchtung ist. Shen, Qi und Jing bilden ein Feld.

Ein Mensch besteht aus Shen Qi Jing, das heißt aus Seele, Herz, Geist, Energie und Materie. Das Shen Qi Jing eines Menschen bildet das Feld eines Menschen.

Ein Ozean besteht aus Shen Qi Jing, welches das Feld eines Ozeans bildet.

Mutter Erde besteht aus Shen Qi Jing, welches das Feld von Mutter Erde bildet.

Ein Sonnensystem hat sein eigenes Shen Qi Jing, dass das Feld des Sonnensystems bildet.

Zusammengefasst:

Jeder und alles auf unzähligen Planeten, Sternen, in Galaxien und Universen besteht aus seinem eigenen Shen Qi Jing. Ihr eigenes Shen Qi Jing bildet ihr eigenes Feld.

Unzählige Planeten, Sterne, Galaxien und Universen haben sowohl positives als auch negatives Shen Qi Jing, d.h. ihre positiven und negativen Felder.

Positives Feld

Jedes Feld, das der Menschheit, Mutter Erde und unzähligen Planeten, Sternen, Galaxien und Universen gute Gesundheit, harmonische Beziehungen, florierende Finanzen, Fortschritte auf dem spirituellen Weg oder Liebe, Frieden und Harmonie bringt, ist ein positives Feld.

Negatives Feld

Jedes Feld, das ungesunde Bedingungen für die Menschheit, unharmonische Beziehungen, Blockaden in den Finanzen, Herausforderungen auf dem spirituellen Weg verursacht oder Liebe, Frieden und Harmonie für die Menschheit, Mutter Erde und unzähligen Planeten, Sternen, Galaxien und Universen reduziert, ist ein negatives Feld.

Das universelle Gesetz des Shen Qi Jing besagt, dass positives Shen Qi Jing negatives Shen Qi Jing transformieren kann. Mit anderen Worten, ein positives Feld kann ein negatives Feld in Gesundheit, Beziehungen, Finanzen, die spirituelle Reise und jeden Aspekt des Lebens transformieren.

Wie man ein negatives Feld in ein positives Feld umwandelt

Es gibt viele Möglichkeiten, ein negatives Feld in ein positives Feld umzuwandeln.

In der Medizin helfen Ärzte, Krankenschwestern, Krankenhäuser und weiteres den Menschen bei der Heilung. Sie wandeln negative Felder in positive Felder um.

Die Menschen essen Lebensmittel und trinken Wasser. Die Menschen erkennen, dass es lebenswichtig ist, richtig zu essen und gesundes Wasser zu trinken. Wenn wir das tun, stärken wir unser positives Feld. Wir sollten ungesunde Lebensmittel und verschmutztes Wasser vermeiden, weil sie negative Felder übertragen.

Alle Arten von Bildung in allen Lebensbereichen sollen das Wissen über positive Felder vermitteln, um die Schüler zu befähigen, negative Felder zu transformieren. Zum Beispiel versucht die positive Bildung in Wissenschaft und Technik, positive Felder zu entdecken, zu entwickeln und anzuwenden, um der Menschheit in jeder Hinsicht zu einem gesünderen und glücklicheren Leben zu verhelfen.

Ich ehre alle Heilungsmodalitäten und -methoden, alle positiven wissenschaftlichen und technologischen Fortschritte und alle positiven Wege, die die Menschheit geschaffen und angewandt hat, um negative Informationen, Energie und Materie in positive Informationen, Energie und Materie in jedem Aspekt des menschlichen Lebens zu wandeln.

Ich kann nicht genug betonen, dass der Zweck dieses Buches darin besteht, das Tao Kalligrafie Feld vorzustellen. Dieses Feld wird durch die transformative Kunst der Tao Kalligrafie geschaffen, die ein höchst positives Seele über Materie Informationssystem trägt, um der Menschheit zu helfen, jeden Aspekt des Lebens zu transformieren. Die Tao Kalligrafie, die eine transformative Kunst des Einsseins mit der Quelle ist, ist ein Portal, um (a) sich mit der Tao Quelle zu verbinden, (b) ein Feld der Quelle zur Menschheit und Mutter Erde zu bringen und (c) es sichtbar und greifbar zu machen für Heilung, Transformation, Weisheit, Ernährung, Wohlstand, Erfolg und Erleuchtung in jedem Aspekt des Lebens.

Ich werde das Tao, die Tao Kalligrafie und die Kraft und Bedeutung der Tao Kalligrafie in den nächsten Kapiteln näher erläutern.

5

Was ist Tao?

DAS KONZEPT DES Tao wurde von Lao Zi, dem alten Weisen und Autor des *Dao De Jing,* vorgestellt. Im *Dao De Jing* erklärt er das Tao als den ultimativen Schöpfer und die Quelle und beschreibt die normale Schöpfung des Tao.

Die normale Schöpfung des Tao

Die normale Schöpfung des Tao (Abbildung 2) wird in den ersten vier Sätzen des zweiundvierzigsten Kapitels des *Dao De Jing* erklärt:

Dao sheng yi 道生一
Das Tao erschafft Eins.

Lao Zi erklärt, dass Tao die ultimative Quelle ist. Tao erschafft Eins, das die Welt des Einsseins ist, die Wu Welt genannt wird. Wu 無 bedeutet *Leere*. Die Wu Welt kann nicht gesehen, gehört oder berührt werden. Sie hat kein Yin oder Yang, keinen Raum oder Zeit, kein Bild oder Form.

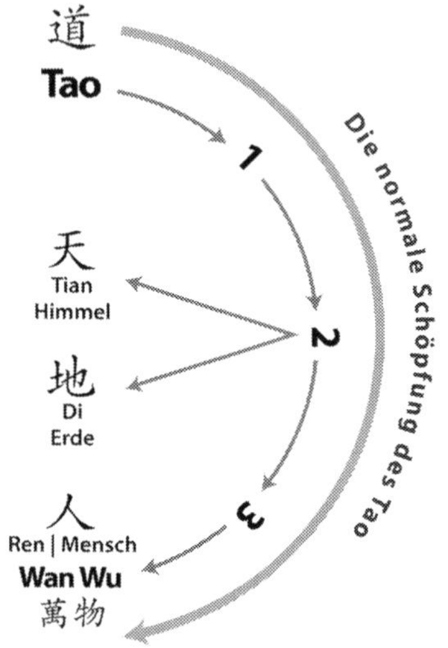

Abbildung 2. Die normale Schöpfung des Tao

Das Eine, die Welt des Einsseins, wird hun yuan yi qi 混元一氣 genannt. Hun yuan bedeutet *verschwommen*. Yi bedeutet *Einheit*. Qi bedeutet *Energie*. Es gibt zwei Arten von Energie innerhalb des hun yuan yi qi. Sie sind gemischt und nicht trennbar, denn hun yuan yi qi ist unscharfe Einheitsenergie. Die beiden Arten von Energie werden qing qi 清氣 und zhuo qi 浊氣 genannt. Qing qi ist sauberes, reines, leichtes qi. Zhuo qi ist gestörtes, trübes, schweres qi. Sie bleiben für Äonen im Zustand des hun yuan yi qi.

yi sheng er 一生二
Eins erschafft Zwei.

Wenn die Zeit für die qi Transformation gekommen ist, trennt das Tao die beiden qi in hun yuan yi qi , die Welt der Einheit oder die Welt der verschwommenen Leere. Qing qi (leichtes, reines qi) steigt auf und bildet den Himmel. Zhuo qi (schweres, trübes qi) fällt und bildet die Mutter Erde. Himmel und Erde sind Zwei, die die Yin Yang Welt bilden.

er sheng san 二生三
Zwei erschafft Drei.

Hun yuan yi qi, die Welt des Einsseins, plus Himmel und Erde, die Zwei sind, oder die Yin Yang Welt, ergibt Drei. Einssein plus Himmel und Erde sind Drei.

san sheng wan wu 三生萬物
Drei erschafft alle Dinge.

Wan bedeutet *zehntausend,* was für *unendlich, unzählig* oder *alles steht*. Wu bedeutet *Dinge*. Wan wu ist *alle Dinge*. Die Drei, die die Welt des Einsseins plus Himmel und Erde ist, erschafft alles auf unzähligen Planeten, Sternen, in Galaxien und Universen.

Die zurückkehrende Schöpfung des Tao

Ich habe die Lehre der zurückkehrenden Schöpfung von der Tao Quelle erhalten. Die Quelle des Tao bat mich, der Menschheit und allen Seelen die zurückkehrende Schöpfung des Tao zu erklären. Siehe Abbildung 3.

Wie das Tao der normalen Schöpfung wird auch das Tao der zurückkehrenden Schöpfung in vier heiligen Sätzen beschrieben:

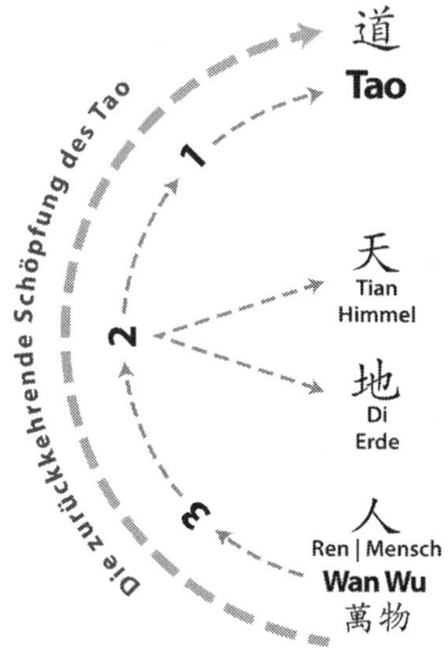

Abbildung 3. Die zurückkehrende Schöpfung des Tao

wan wu gui san 萬物归三
Alle Dinge kehren zu Drei zurück. (Gui bedeutet *„zurückkehren"* oder *„zurückgehen"*.)

san gui er 三归二
Drei kehrt zu Zwei zurück.

er gui yi 二归一
Aus Zwei wird Eins.

yi gui Dao 一归道
Eins kehrt zum Tao zurück.

Zusammen bilden die normale Schöpfung des Tao und die zurückkehrende Schöpfung des Tao ein universelles

Gesetz der universellen Reinkarnation, das erklärt, wie Tao eins, zwei, drei und Wan Wu (alle Dinge) erschafft, einschließlich unzähliger Planeten, Sterne, Galaxien und Universen, und wie Wan Wu zu drei, zwei, eins und Tao zurückkehrt, ständig und endlos. Siehe Abbildung 4.

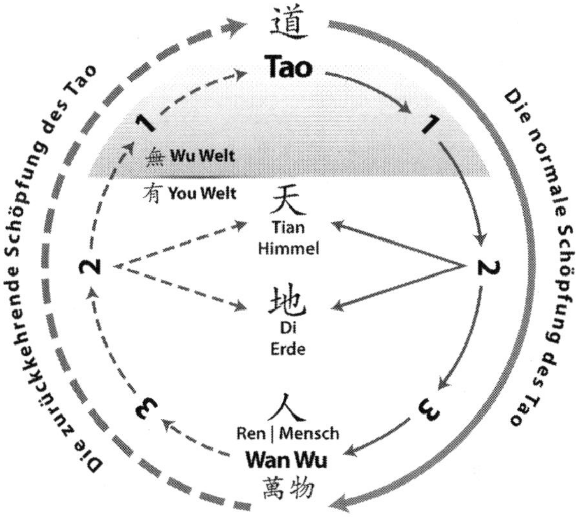

Abbildung 4. Die normale Schöpfung des Tao und die zurückkehrende Schöpfung des Tao

Die normale Schöpfung des Tao und die zurückkehrende Schöpfung des Tao sind tiefgründig. Sie sind:

- höchste Weisheit
- höchste Philosophie
- höchste Wissenschaft
- höchste Praxis

- höchste Heilung und Transformation
- höchste Realisierung
- höchste Erleuchtung
- ultimative Wahrheit

Die normale Schöpfung des Tao und die zurückkehrende Schöpfung des Tao sind heilige Weisheiten und ultimative Wahrheit, die Äonen überdauern. Lao Zi war in der Lage, die normale Schöpfung des Tao der Menschheit im *Dao De Jing zu* vermitteln. Man könnte Jahrzehnte oder Leben brauchen, um die Tiefe und Heiligkeit der normalen und zurückkehrenden Schöpfung des Tao zu verstehen. In einem Satz:

Die normale Schöpfung des Tao und die zurückkehrende Schöpfung des Tao sind der ultimative Schöpfungs- und Reinkarnationskreislauf für jeden und alles auf unzähligen Planeten, Sternen in Galaxien und Universen.

Der ultimative Schöpfer und die Quelle

Ich möchte das erste Kapitel des *Dao De Jing* erläutern. Das erste Kapitel fasst die geheime Weisheit und die tiefe Kraft des gesamten *Dao De Jing* kurz und bündig zusammen.

道可道, 非常道
Dào kě dào, fēi cháng Dào
Das Tao, das in Worten ausgedrückt oder durch Gedanken erfasst werden kann, ist nicht das dauerhafte und wahre Tao.

Dào ist Tao, die ultimative Quelle.
Kě dào bedeutet, dass *man es erklären kann oder dass man es verstehen kann.*
Fēi bedeutet *nicht.*
Cháng bedeutet *dauerhaft.*

名可名, 非常名
míng kě míng, fēi cháng míng
Alles und jeder, der benannt werden kann, ist nicht dauerhaft.

Míng bedeutet *Name.*
Kě bedeutet *können.*
Fēi bedeutet *nicht.*
Cháng bedeutet *dauerhaft.*

Jeder, dem ein Name gegeben wurde, ist nicht dauerhaft, denn der menschliche Weg ist sheng lao bing si 生老病死 (*Geburt, Alter, Krankheit, Tod*). Der Bogen des Lebens für jeden und alles ist cheng zhu huai kong 成住坏空 (*wachsen und sich entwickeln, stabil bleiben, beschädigt werden und abnehmen, verschwinden*). Dies ist der Weg von allem und jedem in der Yin Yang Welt.

无名天地之始
wú míng tiān dì zhī shǐ
Der Zustand ohne Namen ist der Anfang von Himmel und Erde.

Wú bedeutet *nein.*
Míng bedeutet *Name.*
Tiān bedeutet *Himmel.*
Dì bedeutet *Mutter Erde.*

Zhī ist ein besitzanzeigender Begriff, (gleichbedeutend mit *'s*).
Shǐ bedeutet *Anfang*.

Der Zustand ohne Namen ist Tao. Tao erschafft das Eine, das die Wu (Leere) Welt ist. Tao ist Leere. Tao erschafft auch die You (Existenz) Welt, beginnend mit Himmel und Erde (Zwei), wie ich weiter oben in diesem Kapitel erklärt habe. Mutter Erde ist ein Planet. Es gibt unzählige Planeten, Sterne, Galaxien und Universen. Die Quelle des Tao erschafft sie alle, ebenso wie den Himmel, Mutter Erde und die Menschen.

有名万物之母
yǒu míng wàn wù zhī mǔ
Diejenigen mit Namen sind die Mutter von Wan Wu (unzählige Dinge).

Yǒu bedeutet zu existieren oder zu haben.
Wàn bedeutet *zehntausend*. Zehntausend steht im Chinesischen für *unendlich, unzählig* oder *alles*.
Wù bedeutet *Ding*.
Mǔ bedeutet *Mutter*.

Tian und Di haben Namen: *Himmel* und *Erde*. Tian di, Himmel und Erde, sind das mu qin (Mutter) von allem und jedem. Wie Lao Zi zur normalen Schöpfung des Tao erklärt, sind Himmel und Erde Zwei. Zwei erschafft Drei. Die Drei erschafft jeden und alles.

故常无, 欲以观其妙
gù cháng wú, yù yǐ guān qí miào
Deshalb sollte man sich ständig im Wu-Zustand befinden, der Kong (Leere) ist. In diesem Zustand kann man das tiefe Tao ohne Absicht, Einschränkung oder Begrenzung beobachten.

Gù bedeutet *also*.
Cháng bedeutet *dauerhaft*.
Wú bedeutet *Leere,* die Tao und yi (Einheit) ist.
Yù yǐ guān qí miào bedeutet, *in der Lage zu sein, die Tiefe des Tao zu beobachten*.

Wenn man den Zustand des Qing Jing 清靜 (rein, ruhig und friedlich) im Herzen erreicht, kann man in die Stille (ding 定) gehen, was bedeutet, kein „ich, ich, ich" und keine Gedanken. In diesem Zustand der Selbstvergessenheit kann man die Tiefe und Heiligkeit des Tao beobachten. Dies ist ein sehr fortgeschrittener spiritueller Zustand, der nicht einfach zu erreichen ist.

常有, 欲以观其徼
cháng yǒu, yù yǐ guān qí jiào
Sei ständig im You Zustand, um die Weite der You Welt zu beobachten. In diesem Zustand kann man die You Welt mit Absicht, Einschränkungen und Begrenzungen beobachten.

Cháng bedeutet *dauerhaft*.
Yǒu bedeutet *Existenz*.
Yù bedeutet *wünschen* oder *können*.
Guān bedeutet *beobachten*.
Qí bezieht sich auf *Tao*.
Jiào bedeutet *Grenze*.

Um Mutter Erde und die unzähligen Planeten, Sterne, Galaxien und Universen in der You Welt zu sehen, reichen die physischen Augen, das Bewusstsein und das Wissen eines Menschen nicht aus. Selbst mit dem fortschrittlichsten Teleskop dauert es noch Milliarden von Jahren, bis das Licht der entferntesten Sterne unsere physischen Augen erreicht. So groß sie auch sein mag, die Welt von You ist begrenzt. Sie hat alle erdenklichen Arten von Beschränkungen und Begrenzungen.

此两者, 同出而异名, 同谓之玄
cǐ liǎng zhě, tóng chū ér yì míng, tóng wèi zhī xuán
Diese beiden (Wu- und You Welten) entstammen beide derselben Quelle (Tao), haben aber unterschiedliche Namen. Beide sind tiefgründig.

Cǐ bedeutet *dies.*
Liǎng zhě bedeutet *zwei* (Wu- und You Welt).
Tóng chū bedeutet, dass *beide aus dem Tao stammen.*
Ér bedeutet *aber.*
Yì míng bedeutet *verschiedene Namen.*
Tóng wèi zhī xuán bedeutet, dass *beide tiefgründig, geheimnisvoll, heilig und unvorstellbar sind.*

玄之又玄, 众妙之门
xuán zhī yòu xuán, zhòng miào zhī mén
Die Wu- und die You Welt sind beide tiefgründig jenseits von tiefgründig, geheimnisvoll jenseits von geheimnisvoll, heilig jenseits von heilig und unvorstellbar jenseits von unvorstellbar — das Tor zu allen heiligen Lehren und Bereichen.

Xuán bedeutet *Heiligkeit* oder *Tiefgründigkeit.*
Yòu wird hier verwendet, um auf eine tiefere Bedeutung von xuán hinzuweisen, die über die wörtliche Bedeutung von xuán hinausgeht.
Zhòng bedeutet *alles.*
Miào bedeutet *tiefgründig, geheimnisvoll, heilig oder unvorstellbar.*
Zhī ist ein besitzanzeigender Begriff, der dem *'s* im Englischen entspricht.
Mén bedeutet *Tor.*

Zhong miao zhi men bedeutet *das Tor aller heiligen Weisheit, Macht und Reiche.*

Lao Zi erklärte das Tao in vielen Kapiteln des *Dao De Jing.* Kapitel eins ist der Schlüssel zur tiefen Weisheit und Kraft des Tao. Erlauben Sie mir, das Konzept des Tao zusammenzufassen:

- Das Tao kann nicht mit Worten erklärt oder mit Gedanken erfasst werden.
- Tao kann nicht gesehen, gehört oder berührt werden.
- Das Tao erschafft die Wu Welt und die You Welt, die die tiefen Tore der Weisheit, der Philosophie, der Wissenschaft, der Kultur, der Praxis und der Kraft für jeden und alles auf unzähligen Planeten, Sternen, in Galaxien und Universen sind.
- Das Tao hat kein Yin, kein Yang, keine Zeit, keinen Raum, kein Bild, keine Form, keinen Klang.

- Folge dem Tao, erblühe. Gehe gegen das Tao vor, ende.
- Das Tao trägt die Zehn Größten Qualitäten in sich: Da Ai 大愛 – Größte Liebe, Da Kuan Shu 大宽恕 – Größte Vergebung, Da Ci Bei 大慈悲 – Größtes Mitgefühl, Da Guang Ming 大光明 – Größtes Licht, Da Qian Bei 大谦卑 – Größte Demut, Da He Xie 大和谐 – Größte Harmonie, Da Chang Sheng 大昌盛 – Größtes Erblühen, Da Gan En 大感恩 – Größte Dankbarkeit, Da Fu Wu 大服务 – Größter Dienst, und Da Yuan Man 大圆满 – Größte Erleuchtung.
- Das Tao drückt seine Zehn Größten Qualitäten und Kräfte als Tao Quellfeld aus.
- Das Tao ist Träger der positivsten Information, Energie und Materie (Shen Qi Jing), die negative Information, Energie und Materie transformieren kann.
- Tao ist der Ultimative Schöpfer, der die höchste Seele ist. Daher trägt Tao die höchste Seelenkraft, die *Tao über der Materie* ist. Tao über der Materie ist die höchste Seele über der Materie. Seele über Materie bedeutet, dass die Seele Dinge geschehen lassen kann, die helfen, alles Leben zu heilen, zu transformieren und zu erleuchten. Tao über der Materie bedeutet, dass Tao die höchste Kraft hat, alles Leben zu heilen, zu transformieren und zu erleuchten.

In einem Satz:

Das Tao ist der Weg allen Lebens.

Was ist De?

De 德 ist das shen kou yi 身口意 des Tao. Dieses shen bedeutet *Aktivitäten, Handlungen und Verhaltensweisen*. Kou bedeutet *Sprache*. Yi bedeutet *Gedanken*.

De ist die Tugend, die Quelle der Nährstoffe. Ein Mensch erhält menschliche Nährstoffe aus Obst, Gemüse, Fleisch und mehr, die Vitamine, Mineralien, Aminosäuren, Proteine und andere wichtige Nährstoffe enthalten.

Da De aus der Tao Quelle stammt, enthält sie auch Quellnährstoffe, einschließlich Quellflüssigkeiten, Vitaminen, Mineralien, Aminosäuren, Proteinen, Nektaren und Licht. Menschliche Nährstoffe können gesehen, geschmeckt, berührt und gefühlt werden. Quellnährstoffe können nicht gesehen, geschmeckt, berührt oder gefühlt werden.

Die Menschheit hat nicht genug erkannt, dass die Nährstoffe der Tao Quelle zur Verfügung stehen. Es gibt ein altes Sprichwort, das jeder kennen sollte: Dao sheng de yang 道生德养; *Tao erschafft, De nährt*. Das Tao Kalligrafie Feld der Transformativen Kunst bringt die Kraft des Tao mit den Nährstoffen der Tao Quelle zusammen, um zu heilen, Krankheiten vorzubeugen, zu verjüngen, zu nähren und das Leben zu verlängern, Beziehungen und Finanzen zu transformieren, die Seele zu erleuchten und jeden Aspekt des Lebens zu verändern.

In einem Satz:

**De ist der Nährstoff des Tao,
der jeden und alles auf unzähligen Planeten,
Sternen und in Galaxien und Universen nährt.**

Die Kraft und Bedeutung von Tao und De

Tao ist der ultimative Schöpfer, der ständig unzählige Planeten, Sterne, Galaxien und Universen erschafft. Mutter Erde ist nur ein Planet. Tao erschafft auch Menschen, Tiere, jeden und alles. Dies ist eine der wichtigsten altehrwürdigen Weisheiten. Sie lässt sich in einem Satz zusammenfassen:

**Das Tao erschafft und nährt zahllose Planeten,
Sterne, Galaxien und Universen sowie alle
und alles, einschließlich der Menschen.**

Tao umfasst die universellen Prinzipien und Gesetze. Gesundheit hat ein Tao. Beziehungen haben ein Tao. Geschäfte und Finanzen haben ein Tao. Bildung hat ein Tao. Jeder Aspekt des Lebens hat ein Tao.

Tao ist der Weg allen Lebens.

De, als Tao shen kou yi und Nährstoffe der Quelle, nährt jeden und alles.

Tao und De existieren in jedem und allem. Es gibt eine alte Philosophie und Weisheit:

shun Dao chang, ni Dao wang 顺道昌, 逆道亡

Das bedeutet: *folge dem Tao, erblühe; widersetze dich dem Tao, ende*. Jeder und alles auf unzähligen Planeten, Sternen, in Galaxien und Universen folgen natürlich diesem Prinzip. Vielen Menschen mag das nicht bewusst sein.

Zusammengefasst: Tao ist der ultimative Schöpfer. De sind Tao Nährstoffe. Tao erschafft und De nährt.

Tao umfasst die universellen Prinzipien und Gesetze. Tao ist der Weg allen Lebens. Tao ist unsichtbar. Lao Zi hat im *Dao De Jing* deutlich erklärt, dass Tao nicht gesehen, gehört oder berührt werden kann. Folge dem Tao, erblühe. Gehe gegen das Tao vor, ende.

Dies soll jeden lehren, dass das Tao als die ultimative Quelle *die* Menschheit, jeden und alles leitet, unabhängig davon, ob man es erkennt oder nicht. Das Tao als Quellennährstoff nährt die Menschheit, jeden und alles.

Ich habe die Weisheit und die Prinzipien des Tao De angewandt, um Tausende von herzberührenden und bewegenden Ergebnissen für Heilung, harmonische Beziehungen und erblühende Finanzen zu erzielen. Wir haben wissenschaftliche Untersuchungen an mehr als sechshundert Probanden durchgeführt, um die Wirksamkeit und Einfachheit des Tao De Service zu demonstrieren. (Einige unserer Forschungsergebnisse werden in Kapitel elf vorgestellt.) Die Transformative Kunst der Tao Kalligrafie ist eines unserer wichtigsten Werkzeuge für Heilung und Transformation. Ich werde die Transformative Kunst der Tao Kalligrafie erklären und Sie in der Praxis anleiten, damit Sie ihre Kraft und Bedeutung erfahren und ihren Nutzen erfahren können.

6

Chinesische Kalligrafie

DIE ÄLTESTEN BEKANNTEN schriftlichen Aufzeichnungen in China stammen aus der Shang-Dynastie (1600–1046 v. Chr.), genauer gesagt aus der Regierungszeit von Kaiser Wu Ding 武丁 etwa 1300 v. Chr.. Im Palast des Kaisers wurden Aufzeichnungen durch Einritzungen auf der Unterseite von Schildkrötenpanzern und auf Ochsenknochen aufbewahrt. Diese wurden auch von Wahrsagern und sogar von den Kaisern selbst verwendet, um Vorhersagen zu treffen; daher werden sie auch „Orakelknochen" genannt. Die eingemeißelten Symbole können als das früheste bekannte chinesische Schriftsystem und die Mutter aller späteren chinesischen Schriften angesehen werden.

Die chinesische Kalligrafie ist die Kunst, chinesische Schriftzeichen zu schreiben. Zusammen mit der Malerei gehört sie zu den wichtigsten alten chinesischen Künsten und erlangte während der Dong Han 东汉 (Östliche Han)-Dynastie (25–220 n. Chr.) große Bedeutung und Verehrung.

Abbildung 5 zeigt die Entwicklung und die verschiedenen Stile der chinesischen Kalligrafie für sechs chinesische Grundzeichen, von oben nach unten: ri 日 (*Sonne*), yue 月

(*Mond*), shan 山 (*Berg*), tian 田 (*Feld*), huo 火 (*Feuer*) und shui 水 (*Wasser*).

Jia gu wen ist die für Orakelknochen verwendete Schrift.

Jin wen („Metallschrift") wurde auf rituellen Bronzegefäßen und anderen Gegenständen eingraviert, hauptsächlich vom 13. Jahrhundert v. Chr. bis 770 v. Chr..

Abbildung 5. Entwicklung und Stile der sechs grundlegenden chinesischen Schriftzeichen in der chinesischen Kalligrafie

Xiao zhuan ist die kleine Siegelschrift, die in der Qin-Dynastie um 213 v. Chr. standardisiert wurde. Sie ist eine vereinfachte Form von da zhuan, der großen Siegelschrift, die in der Zhou-Dynastie (11. Jahrhundert v. Chr. bis 256 v. Chr.) verwendet wurde. Da zhuan, auch zhou wen 籀文 genannt, entwickelte sich direkt aus jin wen.

Li shu („klerikale Schrift") wurde um 200 v. Chr. aus xiao zhuan („kleine Siegelschrift") vereinfacht und wurde in der Han-Dynastie zur offiziellen Schrift.

Kai shu ist die „reguläre Schrift" der chinesischen Kalligrafie, die um 250 n. Chr. entstand. Sie erreichte ihre Reife um das 7. Jahrhundert n. Chr. und ist bis heute die am weitesten verbreitete kalligrafische Schrift für Hanzi 汉字 (chinesische Zeichen). Sie wird auch häufig in gedruckten Publikationen verwendet.

Xing shu ist die „Laufschrift" der chinesischen Kalligrafie aus dem 4. Jahrhundert n. Chr..

Cao shu ist der kursive Schriftstil der chinesischen Kalligrafie, wörtlich „Grasschrift", aus dem 7. Jahrhundert n. Chr..

Abbildung 6 zeigt die gleichen sechs Zeichen in der Tao Kalligrafie. Ich werde die Tao Kalligrafie, die transformative Kunst des Einsseins mit der Tao Quelle, im nächsten Kapitel erklären.

Die chinesische Kalligrafie hat sich im Laufe der Jahrhunderte weiterentwickelt und ist eine einzigartige visuelle Kunst, die stets einen besonderen Reiz ausstrahlt. Die Techniken und die Philosophie der alten chinesischen

Kalligrafie hatten einen starken Einfluss auf die chinesische Malerei. In vielen Werken wurden die beiden sogar miteinander verschmolzen.

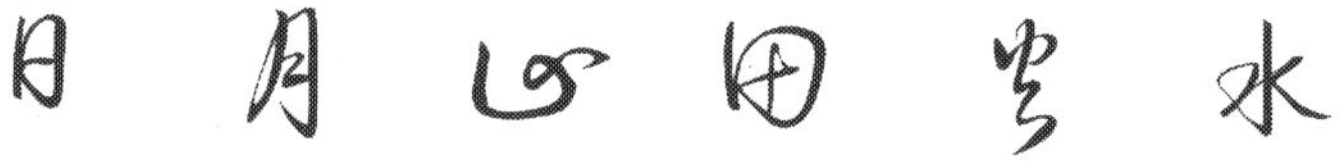

Abbildung 6. Sechs grundlegende chinesische Schriftzeichen in der Tao Kalligrafie des Einsseins

Die Entwicklung der chinesischen Schriftzeichen (Hanzi) über dreieinhalb Jahrtausende hinweg ist ein wesentliches Element der chinesischen Kalligrafie. Diese Kunstform wurde als integraler Bestandteil der chinesischen Kultur geschaffen und entwickelt und als eine der wichtigsten und prestigeträchtigsten Künste der Kultur geehrt. Daher können wir sagen, dass die chinesischen Schriftzeichen eines der grundlegenden Elemente der chinesischen Kultur sind.

Dass die chinesische Kalligrafie auf chinesischen Schriftzeichen basiert, unterscheidet sie von anderen Kalligrafiearten. Die chinesische Kalligrafie ist eine ausdrucksstarke Kunst, die ursprünglich während der Dynastien Qin 秦 (221–207 v. Chr.) und Han 汉 (206 v. Chr.–220 n. Chr.) entstand. Die chinesische Kalligrafie wird als „Poesie ohne Sprache oder Worte", „Tanz ohne Bewegung", „Malerei ohne Bild" und „Musik ohne Klang" gepriesen. Der Historiker R. Dawson hat dies schön beschrieben:

Die gedruckten Schriftzeichen sind wie Figuren auf einer viktorianischen Fotografie, die steif auf der Stelle stehen; die mit dem Pinsel geschriebenen hingegen tanzen mit der Anmut und Vitalität eines Balletts über die Seiten. Die schönen Formen der chinesischen Kalligrafie wurden in der Tat mit den Schönheiten der Natur verglichen, und man glaubte, dass jeder Strich von einem natürlichen Objekt inspiriert sei und die Energie eines Lebewesens habe. Folglich suchten die chinesischen Kalligrafen ihre Inspiration in der Beobachtung von Naturphänomenen.

Die chinesische Kalligrafie steht für die umfassende Weisheit, das Wissen und die tiefgründige Gelehrsamkeit der chinesischen Geschichte und Kultur. Sie ist zum Symbol oder zur Signatur der chinesischen Nation geworden.

7

Was ist Tao Kalligrafie?

ICH ERLERNTE DIE Tao Kalligrafie von der verstorbenen Professorin Li Qiuyun, die an der Universität von Toronto lehrte. Sie wurde von den Vereinten Nationen als globale Autorität für die chinesische Sprache geehrt. Sie studierte in China bei Tai Shi 太师, dem „obersten Lehrer" aus der Familie des letzten Kaisers von China.

Professor Li war die einzige Stammhalterin eines einzigartigen Stils der chinesischen Kalligrafie namens yi bi zi 一笔字, was so viel wie *Ein Strich Zeichen* bedeutet. In der traditionellen regulären Schrift (siehe auch die kai shu Beispiele in Abbildung 5 auf Seite 60) werden einige Zeichen mit zwanzig, sogar dreißig oder mehr einzelnen Strichen geschrieben. In der yi bi zi wird jedes Zeichen, egal wie viele einzelne Striche es enthält, mit einem einzigen kontinuierlichen Pinselstrich geschrieben. Selbst ganze Sätze, die aus mehreren Zeichen bestehen, können mit einem einzigen Strich geschrieben werden.

Ich fühlte mich sehr geehrt, der einzige Linienhalter von Professor Li geworden zu sein. Nachdem ich yi bi zi gelernt hatte, übertrug ich die Kraft der Tao Quelle auf meine yi bi zi Kalligrafien, um Heilung und Transformation zu erreichen. Die Kraft der Tao Quelle, einschließlich der Frequenz und Schwingung der Quelle, der Liebe und des Lichts der Quelle und der positivsten Information, Energie und Materie der Quelle, transformiert die yi bi zi Kalligrafie in Tao Kalligrafie. Professor Li hat die Tao Kalligrafie voll unterstützt und einen Dokumentarfilm mit mir gedreht.

Jetzt kann ich Tao Kalligrafie klar erklären. Tao Kalligrafie ist die Transformative Kunst des Einsseins mit der Quelle. Tao Kalligrafie erschafft und trägt ein Tao Quellefeld. Tao existiert in jedem und allem.

Ein Tao Kalligrafie Feld trägt:

- die Kraft des Tao, des ultimativen Schöpfers und der Quelle
- die Quelle der Liebe und des Lichts. *Liebe löst alle Blockaden auf. Licht heilt und transformiert alles Leben.*
- die Quellfrequenz und -schwingung, die negative Frequenzen und Schwingungen für alles Leben umwandeln können.
- die Quelle höchst positiver Informationen, Energie und Materie, die negative Informationen, Energie und Materie für alles Leben transfomieren kann
- Unendliche Möglichkeiten der Quelle
- Die Quelle höchster Kraft der Seele über die Materie. *Die Seele kann Dinge geschehen lassen. Das Tao hat die größte Kraft, Dinge geschehen zu lassen.*

- ein Quellfeld zur Transformation negativer Felder in allem Leben.

Deshalb nenne ich die Tao Kalligrafie „Transformative Kunst des Einsseins mit der Quelle", „Transformative Kunst der Tao Kalligrafie" und weitere.

8

Die Transformative Kunst der Tao Kalligrafie verkörpert die Zehn Größten Qualitäten zur Transformation und Erleuchtung jeden Aspekts des Lebens

IN DER EINLEITUNG habe ich shu yi zai Dao erklärt, was bedeutet, dass die *Kalligrafie verwendet wird, um das Tao zu transportieren*. Wie macht die Tao Kalligrafie das? Tao Kalligrafie transformative Kunst des Einsseins mit der Quelle trägt die Zehn Größten Qualitäten, die Zehn Qualitäten des Tao. Diese Zehn Größten Qualitäten können das gesamte Leben transformieren, einschließlich Gesundheit, Beziehungen, Finanzen und die spirituelle Reise.

Wie funktioniert die Tao Kalligrafie? In einem Satz:

Die Transformative Kunst der Tao Kalligrafie trägt ein ultimatives Schöpfungs- und Quellfeld in sich, das das gesamte Leben transformieren

kann, einschließlich Gesundheit, Beziehungen, Finanzen und der spirituellen Reise.

Wenden Sie das Feld der Transformativen Kunst der Tao Kalligrafie zur Heilung des physischen Körpers an.

Wenden Sie das Feld der Transformativen Kunst der Tao Kalligrafie zur Heilung des Emotionalkörpers an.

Wenden Sie das Feld der Transformativen Kunst der Tao Kalligrafie zur Heilung des Mentalkörpers an.

Wenden Sie das Feld der Transformativen Kunst der Tao Kalligrafie zur Heilung des spirituellen Körpers an.

Wenden Sie das Feld der Transformativen Kunst der Tao Kalligrafie an, um alle Arten von Beziehungen zu transformieren.

Wenden Sie das Feld der Transformativen Kunst der Tao Kalligrafie an, um Ihre Finanzen und Geschäftliches zu transformieren.

Wenden Sie die Feld der Transformativen Kunst der Tao Kalligrafie an für die Erleuchtung der spirituellen Reise.

Wenden Sie das Feld der Transformativen Kunst der Tao Kalligrafie an, um jeden Aspekt des Lebens zu heilen, zu transformieren und zu erleuchten.

Ich möchte eine herzergreifende Geschichte über David Meltzer, einen bekannten Redner, Autor und Unternehmer, und die Vorteile, die er durch die Anwendung des

Feldes der Transformativen Kunst der Tao Kalligrafie erhalten hat, erzählen.

Bitte genießen Sie dieses kurze Video:

Wie David in dem Video erzählt, hat er in seinem Leben großen Erfolg gehabt. Im Alter von dreißig Jahren war er bereits Multimillionär und wurde Geschäftsführer der weltweit bekanntesten Sportagentur, die als Inspiration und Vorbild für den Film „Jerry Maguire" diente.

Trotz all seines Erfolgs war das Glück für David unerreichbar. Nachdem er ernsthafte persönliche Herausforderungen durchgemacht hatte, sagte David, er habe eine wertvolle Lektion gelernt: Liebe oder Glück kann man nicht kaufen.

David und ich lernten uns vor etwa zehn Jahren durch unseren gemeinsamen Buchagenten Bill Gladstone kennen. David erzählte von seiner ersten Reaktion, als er mich traf:

Ich war äußerst skeptisch. Ich vertrat die größten Sportler, Berühmtheiten und Entertainer der Welt, Menschen, die den Geist der Spitzenleistung in sich trugen. Es war viel nötig, um meine Aufmerksamkeit zu erregen, wenn es um Schwingungen, Frequenzen oder Licht ging. Aber als ich Dr. und Master Sha traf, wusste ich, dass da etwas Besonderes war. Es gab eine Ausstrahlung der Vollkommenheit, und ich wollte in seiner Nähe sein.

Ich schenkte David zwei Tao Kalligrafien und wies ihn an, sie täglich zehn Minuten lang nachzuzeichnen. David tat dies mit Hingabe und sein Leben begann sich zu verändern:

Mein Leben hat sich dramatisch verändert: meine Gesundheit, meine Beziehungen, meine Perspektive, meine Denkweise. Manchmal weiß ich nicht einmal, woher die Weisheit und die Erleuchtung kommen. Menschen, die mich seit Jahren kennen, sagen, wenn sie die Reden, Bücher, Fernsehsendungen und all die Dinge sehen, mit denen ich zu tun habe: „Wann bist du so klug geworden?"

Auch wenn es keine Logik oder Vernunft gibt, die Ihnen sagen würde, dass sich Ihr Leben ändert, wenn Sie ein Kunstwerk an Ihrer Wand nachfahren, funktioniert es. Ich kann Ihnen sagen, dass ich nicht weiß, wie es funktioniert. Aber ich steige an etwa zweihundert Tagen im Jahr in ein Flugzeug, und ich weiß immer noch nicht, wie ein Flugzeug fliegt, aber ich glaube jedes Mal, wenn ich in ein Flugzeug steige, dass es sicherer ist, als mit dem Auto nach Hause zu fahren. Ich habe Vertrauen in diese Kalligrafien. Mein Leben hat sich in jeder Hinsicht exponentiell verändert: in Bezug auf Gesundheit, Glück, Wohlstand und Wertschätzung. Was kann man sich mehr wünschen?

Die Leute kommen zu mir und fragen: „Herr Meltzer, was kann ich tun, um mein Leben zu ändern?" Das erste, was ich ihnen sage, ist, dass sie sich vor dem Schlafengehen und nach dem Aufwachen bedanken sollen. Als Nächstes rate ich ihnen, sich eine Kalligrafie von Master Sha zu besorgen und sie nachzufahren. Beides benötigt nicht viel Zeit, und beides hat mein Leben mehr beeinflusst als alles andere, was ich je getan habe.

David Meltzers ursprünglicher Wunsch und seine Bitte waren finanzieller Reichtum. Innerhalb von achtzehn Monaten, nachdem er die Tao Kalligrafie *Dao Ye Chang Sheng* 道業昌盛 (*Tao Karriere floriert*) erhalten und nachgefahren hatte, erhielt er enormen finanziellen Reichtum, und er hat weiterhin immer mehr erhalten. Er erklärte jedoch auch, dass er viel mehr als nur finanziellen Reichtum erhalten hat: verbesserte Familienharmonie, inspirierte Weisheit, die Fähigkeit, seinen größten Traum zu erfüllen, der Menschheit zu dienen — all das und mehr hat sein Leben völlig verändert.

Ich habe dieses Buch geschrieben, um Ihnen und der ganzen Menschheit durch die Tao Kalligrafie zu dienen. Ich wünsche mir zutiefst, dass die ganze Menschheit von der Tao Kalligrafie profitiert. Dies ist das erste Buch in meiner Tao Kalligrafie Reihe. Ich werde bald viele weitere Bücher schreiben. Auf Seite 191 finden Sie die ersten zehn Bücher, die ich mit der Menschheit in dieser Buchserie teilen soll.

Tao Kalligrafie Transformative Kunst des Einsseins trägt die Natur des Tao und die Kräfte des Tao in sich. Sie trägt die zehn größten Naturen und Kräfte des Tao in sich:

1. Da Ai 大愛 — Größte Liebe
2. Da Kuan Shu 大宽恕 — Größte Vergebung
3. Da Ci Bei 大慈悲 — Größtes Mitgefühl
4. Da Guang Ming 大光明 — Größtes Licht

5. Da Qian Bei 大谦卑 — Größte Demut
6. Da He Xie 大和谐 — Größte Harmonie
7. Da Chang Sheng 大昌盛 — Größtes Erblühen
8. Da Gan En 大感恩 — Größte Dankbarkeit
9. Da Fu Wu 大服务 — Größter Dienst
10. Da Yuan Man 大圆满 — Größte Erleuchtung

Ich werde jede dieser Zehn Da (*größten*) Eigenschaften näher erläutern.

Da Ai — Größte Liebe: *Schmilzt alle Blockaden und transformiert alles Leben*

Ich habe vier heilige Sätze über Da Ai, die Größte Liebe, von der Quelle erhalten:

yi shi da ai	一施大愛
wu tiao jian ai	无条件愛
rong hua zai nan	融化灾难
xin qing shen ming	心清神明

一施大愛 yi shi da ai
Schenke zuerst der Menschheit und allen Seelen größte Liebe.
Yi bedeutet *zuerst*. Shi bedeutet *geben*. Da bedeutet *das Größte*. Ai bedeutet *Liebe*.

无条件愛 wu tiao jian ai
Bedingungslose Liebe
Wu bedeutet *nein*. Tiao jian bedeutet *Bedingung*.

融化灾难 rong hua zai nan
Löst alle Katastrophen, Nöte und Herausforderungen auf

Rong hua bedeutet *schmelzen*. Zai nan bedeutet *Katastrophen, Nöte und Herausforderungen*.

心清神明 xin qing shen ming
Das Herz ist rein und sauber und die Seele, das Herz und der Verstand sind erleuchtet.
Xin bedeutet *Herz*. Qing bedeutet *rein und sauber*. Shen bedeutet *Seele, Herz und Geist*. Ming bedeutet *erleuchtet*.

Eine altehrwürdige spirituelle Weisheit lehrt, dass das Herz den Geist und die Seele beherbergt. Körperliche Krankheiten sind auf die Verschmutzung des spirituellen Herzens zurückzuführen, zu der Gier, Zorn, Mangel an Weisheit in Handlungen, Sprache und Gedanken, Zweifel, Ego, Verlangen nach Ruhm oder Geld, Eifersucht, Wettbewerb, Kampfgeist und vieles mehr gehören. Diese und andere Arten der Verschmutzung des spirituellen Herzens sind die wahre Ursache der Krankheit im Körper. Millionen von Menschen sind sich dessen bewusst. Millionen von Menschen sind sich dessen vielleicht nicht bewusst. Um körperliche Erkrankungen, aber auch Beziehungen und Finanzen zu verändern, muss man also sein spirituelles Herz transformieren. Das spirituelle Herz zu transformieren bedeutet, die Verschmutzung des spirituellen Herzens zu beseitigen, d.h. die Blockaden im spirituellen Herzen.

Xin qing, ein reines und friedliches Herz, ist ein geistiges Herz, das von Verunreinigungen oder Blockaden gereinigt wurde.

Shen ming ist eine erleuchtete Seele, Herz und Geist.

Xin qing shen ming dient zunächst der Reinigung der spirituellen Herzblockaden. Dann kann die Erleuchtung der Seele, des Herzens und des Geistes folgen.

Was ist Erleuchtung? Erleuchtet zu sein bedeutet, bewusst zu sein — genauer gesagt, sich der universellen Wahrheiten bewusst zu sein, sie zu erkennen und zu verkörpern. Bewusstheit bedeutet zu verstehen, dass die Quelle des Tao der ultimative Schöpfer ist, der Himmel, Erde und unzählige Planeten, Sterne, Galaxien und Universen erschafft. Die Tao Quelle ist der Weg allen Lebens.

Millionen von Menschen sind auf der Suche nach seelischer Erleuchtung, was bedeutet, dieses Bewusstsein zu erreichen. Millionen von Menschen suchen vielleicht nicht nach Erleuchtung. Sie erkennen vielleicht nicht, dass xin qing shen ming — die Reinigung des spirituellen Herzens und die Erleuchtung der Seele, des Herzens und des Verstandes — dabei helfen kann, viele Erkrankungen zu heilen, zahlreiche Beziehungs- und finanzielle Probleme zu lösen und große Fortschritte auf dem spirituellen Weg zu machen.

Wie kann man xin qing shen ming erreichen? Wenden Sie positive Informationen, Energie und Materie an, die ein positives Feld darstellen, um das negative Feld aller Arten von geistiger Herzverschmutzung zu transformieren.

Die Tao Kalligrafie schafft und trägt ein Feld der Quelle, das alle Arten von spiritueller Verschmutzung transformieren kann. Daher kann die Tao Kalligrafie das gesamte

Leben transformieren, einschließlich Gesundheit, Beziehungen, Finanzen und die spirituelle Reise, und schließlich helfen, Seele, Herz und Geist zu erleuchten.

Zusammengefasst sagen uns die vier heiligen Sätze über Da Ai:

yi shi da ai	*Gib zuerst den anderen und der Menschheit die Größte Liebe*
wu tiao jian ai	*Bedingungslose Liebe*
rong hua zai nan	*Lässt alle Katastrophen und Herausforderungen schmelzen*
xin qing shen ming	*Reinige das Herz, erleuchte die Seele, das Herz und den Geist*

Da Ai ist die Grundlage des Shi Da 十大. Shi bedeutet *zehn*. Da bedeutet das *Größte*. Shi Da oder Zehn Da sind die Zehn Größten Naturen, Qualitäten und Kräfte der Quelle des Tao.

Da Ai ist die Größte Liebe. Die Größte Liebe ist bedingungslose Liebe. Größte Liebe ist selbstlose Liebe. Bedingungslos zu lieben bedeutet, zu lieben, ohne etwas dafür zu erwarten. Es ist leicht zu sagen. Es ist schwierig, es zu tun. Aber es ist möglich. Denken Sie an das Leben eines Menschen. Eltern geben ihrem Baby Liebe. Im Allgemeinen geben Eltern ihrem Baby bedingungslose Liebe.

Bedingungslose Liebe zu geben bedeutet, von ganzem Herzen und aus ganzer Seele zu lieben, ohne eine Gegenleistung zu verlangen. Wie kann man anderen und der Menschheit bedingungslose Liebe geben? Der Schlüssel dazu ist, dass „ich, ich, ich" zu reduzieren. Es ist sehr schwierig für eine egozentrische oder selbstsüchtige Person, bedingungslose Liebe zu geben.

Denken Sie an den Himmel, die Erde, die Sonne und den Mond. Verlangen sie etwas als Gegenleistung für ihre Nahrung, ihren Lebensunterhalt, ihre Wärme, ihr Licht und mehr? Sie alle sind bedingungslose Diener mit bedingungsloser Liebe.

Millionen von Menschen ehren Mutter Maria. Millionen von Menschen verehren verschiedene Heilige und Buddhas. Mutter Maria und andere höchste Heilige und Buddhas tragen bedingungslose Liebe in sich. Sie haben unzählige herzberührende, bewegende und wunderbare Ergebnisse durch Heilung und Transformation in jedem Aspekt des Lebens geschaffen. Daher hat Da Ai, die größte und bedingungslose Liebe, die unglaubliche Kraft, das ganze Leben zu transformieren, einschließlich Gesundheit, Beziehungen, Finanzen und der spirituellen Reise.

In diesem Buch stelle ich einen neuen Weg vor, Da Ai, die größte und bedingungslose Liebe, zu tragen und anzuwenden. Dieser neue Weg ist die Tao Kalligrafie *Da Ai*. Wenn ich die Tao Kalligrafie *Da Ai* schreibe, verbinde ich mich mit der Tao Quelle. Die Quelle des Tao erfüllt die Kalligrafie mit der Liebe der Quelle, die die Größte Liebe ist. Daher trägt die Tao Kalligrafie *Da Ai* ein Feld der größten Liebe der Quelle. Siehe Abbildung 7.

Abbildung 7. Tao Kalligrafie *Da Ai* (Größte Liebe)

Erinnern Sie sich an die Weisheit, die ich Ihnen mitgeteilt habe? Um irgendeinen Aspekt des Lebens zu transformieren, muss man ein positives Feld einsetzen, um ein negatives Feld zu transformieren. Das höchste positive Feld der Tao Quelle, das von der Tao Kalligrafie getragen wird, hat die unglaubliche Kraft, jeden Aspekt des Lebens zu verändern.

Hunderte von Menschen haben sich online versammelt, um meine Tao Kalligrafie *Da Ai* zu erleben. Während ich diese Tao Kalligrafie schreibe, bitte ich meinen leitenden Lehrer, Master Francisco Quintero, eine spirituelle Lesung durchzuführen:

Während Master Sha sich darauf vorbereitet, die Tao Kalligrafie Da Ai *zu schreiben, verbindet er sich mit der Quelle des Tao und vielen Heiligen und Buddhas im spirituellen Bereich. Dann, als Master Sha seinen Pinsel auf das Papier setzt, beginnt jedes dieser Wesen, seine Liebe und sein Licht in die Tao Kalligrafie zu übertragen. Während Master Sha weiter schreibt, wird das Licht heller und heller und bildet ein Lichtfeld, das in alle Richtungen strahlt. Die Kalligrafie wandelt sich mehr und mehr von gewöhnlicher Kunst in Transformative Kunst. Sie ist zu einem Quellheilungsfeld geworden. Die Kalligrafie strahlt helles, goldenes Licht aus. Die Frequenz und die Schwingung sind so rein. Sie haben ein Feld des Einsseins gebildet, das die bedingungslose Liebe zahlloser Heiliger und Buddhas und die bedingungslose Liebe der Tao Quelle trägt.*

Diese Da Ai *Tao Kalligrafie hat eine so hohe Schwingung, dass sie sofort beginnt, Blockaden bei uns allen zu lösen, die Master Sha bei der Gestaltung zusehen. Die Liebe und das Licht nähren unsere Systeme, Organe und Zellen und durchspülen die Räume und buchstäblich jede Zelle. Wir erhalten eine große Reinigung unseres Shen Qi Jing. Diese Tao Kalligrafie ist zutiefst heilend und transformierend für uns alle. Es berührt mein Herz zutiefst, diese Bilder im spirituellen Bereich zu betrachten. Diese Kalligrafie ist heilige Kunst.*

Jetzt bitte ich alle, die ich online versammelt habe, um Heilung für einen Bereich ihres Körpers zu bitten. Das kann im physischen, emotionalen oder mentalen Körper sein. Sie können für ein Körpersystem, ein Organ, einen Körperteil oder einen Zustand um Heilung bitten. Der Zustand kann physisch, emotional oder mental sein, wie Bluthochdruck, Migräne, COVID-19, Depression, Wut, Halsschmerzen, Schulterschmerzen, negatives Denken, eine Zyste, ein Tumor oder Krebs.

Dann bitte ich alle, mit der Anwendung der Sechs Krafttechniken zu beginnen: Körperkraft, Seelenkraft, Geisteskraft, Klangkraft, Atemkraft und Tao Kalligrafiekraft. Ich lade Sie ein, sich uns in der Praxis anzuschließen, indem Sie diese Anweisungen befolgen:

Wenden Sie die Sechs Krafttechniken an.

Körperkraft (Nutzung von Körper- und Handpositionen zur Heilung)

Setzen Sie sich gerade hin. Stellen Sie Ihre Füße flach auf den Boden. Legen Sie eine Handfläche auf Ihren Nabel. Legen Sie die andere Handfläche auf den Bereich des Körpers, für den Sie um Heilung und Transformation bitten.

Legen Sie zum Beispiel bei Schulterschmerzen eine Handfläche auf die schmerzende Schulter.

Seelenkraft (Seelenerfülltsein oder „Seele über Materie" Seelenheilungstechnik, die ich Sag Hallo Technik und Transformation genannt habe)

Es gibt zwei Möglichkeiten, „Hallo" zu sagen: „Hallo" zu den inneren Seelen und „Hallo" zu den äußeren Seelen.

Sagen Sie „Hallo" zu den inneren Seelen:

Liebes Shen Qi Jing (oder Seele, Herz, Geist, Energie und Materie) meines _________ (nennen Sie das System, das Organ, den Körperteil oder das Leiden, für das Sie um Heilung bitten),
ich liebe dich.
Du hast die Kraft, dich selbst zu heilen.
Mache deine Sache gut!
Danke!

Sagen Sie den äußeren Seelen „Hallo":

Liebes Tao Kalligrafie Transformative Kunst Da Ai *Feld,*
ich liebe dich, ehre dich und wertschätze dich.
Du bist das positivste Feld der Tao Quelle.
Du kannst das negative Feld meiner _________ *transformieren* (wiederholen Sie Ihre Bitte).
Bitte heile und transformiere meine _________ (wiederholen Sie Ihre Bitte).
Dankeschön.

Wiederholen Sie die „Sag Hallo" Technik für innere Seelen und äußere Seelen noch einmal.

In der Tat gibt es kein Zeitlimit für die Wiederholung der Sag Hallo Seelenheilungstechnik. Jahrzehntelang haben Tausende von herzergreifenden Berichten aus der ganzen Welt die Kraft der „Sag Hallo" Heil- und Transformationstechnik bewiesen. Zwei dieser Berichte habe ich auf den Seiten 14–15 geschildert.

Atemkraft

Leben ist Einatmen und Ausatmen. Wenn man nicht atmet, gibt es kein Leben. Es ist genau wie mit dem schlagenden Herzen. Wenn das Herz nicht schlägt, gibt es auch kein Leben.

Wir alle wissen, dass der Körper beim Einatmen Sauerstoff aufnimmt und absorbiert. Beim Ausatmen gibt der Körper Kohlendioxid ab und stößt es aus. Sauerstoff wird von jeder Zelle im Körper benötigt, um Nährstoffe umzuwandeln und Energie zu erzeugen. Mit jedem Atemzug, den man einatmet, wird das Leben jeder Zelle genährt und aufrechterhalten. Kohlendioxid ist ein Abfallprodukt des zellulären Stoffwechsels. Die Zellen setzen Kohlendioxid frei, und das Blut transportiert es in die Lunge, wo es mit jedem Ausatmen wieder ausgestoßen wird.

Ich freue mich, eine altehrwürdige geheime Atemtechnik zur Heilung und Transformation mit Ihnen zu teilen. Sie heißt „xi qing hu zhuo" 吸清呼浊.

Xi bedeutet *„einatmen"*. Qing bedeutet *positive Information, Energie und Materie*. Hu bedeutet *„ausatmen"*. Zhuo bedeutet *negative Informationen, Energie und Materie*.

Wie ich bereits erklärt habe, ist alles aus Shen Qi Jing gemacht. Das Shen Qi Jing von jedem und allem erschafft ein Feld. Das *Da Ai* der Tao Kalligrafie erschafft und trägt das Shen Qi Jing der Quelle. Daher trägt die Tao Kalligrafie *Da Ai* ein Quellenfeld.

Die Tao Kalligrafie *Da Ai*, Größte Liebe, die bedingungslose Liebe ist, hat die unermessliche Kraft, negatives Shen Qi Jing zu transformieren, das ein negatives Feld bildet. Wenn Menschen sich mit dem Feld der Tao Kalligrafie *Da Ai* verbinden, können manche die Transformation sofort spüren. Manche Menschen brauchen mehr Zeit, um sich besser zu fühlen.

Ich setze die Live-Demonstration online für Hunderte von Menschen fort. Jeder, auch Sie, liebe Leserin, lieber Leser, haben eine Bitte um Heilung und Transformation eines Aspekts des physischen, emotionalen oder mentalen Körpers geäußert. Lassen Sie uns jetzt gemeinsam weiter üben.

Befolgen Sie meine Anweisungen:

Atemkraft und Tao Kalligrafiekraft zusammen mit Geisteskraft (kreative Visualisierung) und Klangkraft (Singen von heiligen Botschaften, Klängen oder Mantren)

Schlagen Sie das Buch bei Abbildung 7 auf. Atmen Sie tief ein. Während Sie einatmen, empfangen Sie die positive

Frequenz und Schwingung und die positive Information, Energie und Materie aus dem *Da Ai* Feld der Tao Kalligrafie. Visualisieren Sie dies als goldenes Licht, das in den Bereich kommt, in dem Sie um Heilung gebeten haben, indem Sie die Seelenkraft wie zuvor beschrieben anwenden.

Nun atmen Sie aus. Während Sie ausatmen, chanten Sie *Da Ai* (sprich: *da ei*). Dies ist die Klangkraft. Das positive Feld der Tao Kalligrafie *Da Ai* wird Ihnen helfen, das negative Feld Ihrer Bitte zu transformieren und loszulassen, ob es sich nun um die Linderung von Schmerzen, Entzündungen, einer Zyste oder einem Tumor, Krebs oder einer anderen körperlichen Krankheit, Wut, Angst, Furcht oder einem anderen emotionalen Problem oder um ein geistiges Problem wie negatives Denken oder schlechte Konzentration handelt.

Dies ist die uralte heilige Atemtechnik xi qing hu zhuo mit dem Zusatz von Tao Kalligrafiekraft. Wir atmen das positivste Feld der Tao Kalligrafie *Da Ai* ein und atmen das negative Feld aus, das mit unserem Anliegen verbunden ist.

Ich leite Hunderte von Menschen live dazu an, diese Praxis gemeinsam für etwa zwanzig Minuten durchzuführen. Bitte tun Sie es jetzt, damit auch Sie die Kraft des Feldes der Transformativen Kunst der Tao Kalligrafie erfahren können. Ich sage immer: *Wenn Sie wissen wollen, ob eine Birne süß ist, probieren Sie sie. Wenn Sie die Kraft des Tao Kalligrafie Feldes kennen lernen wollen, erleben Sie es.*

Praxis

Verbinden Sie sich mit dem *Da Ai* Feld der Tao Kalligrafie in Abbildung 7.

Atmen Sie ein. Visualisieren Sie goldenes Licht, das das *Da Ai* Feld der Tao Kalligrafie in den Bereich bringt, für den Sie um Heilung und Transformation gebeten haben.

Atmen Sie das negative Feld, das aus negativen Informationen, Energie und Materie besteht, aus dem Bereich Ihres Anliegens aus, während Sie *Da Ai* singen.

Setzen Sie diese Übung etwa zwanzig Minuten lang fort.

Atmen Sie ein.

Ausatmen ...

Wie geht es Ihnen?

Hier sind einige Ergebnisse, von denen die Teilnehmer meines Live-Treffens nach diesen zwanzig Minuten Praxis berichteten:

Neue Energie, Klarheit und Entschlossenheit

Ich bin Akupunkteur an der wunderschönen pazifischen Nordwestküste in Oregon, USA, und betreibe eine Klinik, die Menschen mit chronischen Schmerzen und anderen gesundheitlichen Problemen hilft. Ich bin mit meinem wunderbaren Partner Dan verheiratet. Zu meinen Hobbys gehören das Zusammensein mit meinen Lieben, Spaziergänge und Wanderungen in der Natur sowie ehrenamtliche Arbeit, z. B. in der Obdachlosenhilfe. Ich liebe Lesen, Basteln, Kochen und Schwimmen.

Als ich 2015 auf die Techniken von Master Sha „Seele über Materie" stieß, war ich überwältigt. Ich begann sofort, sie in meine Klinik zu integrieren und sie mit einigen meiner Klienten zu teilen. Ich bemerkte, dass diese Klienten viel schneller auf die Behandlungen reagierten, die ich ihnen gab, und ich verliebte mich in diese Arbeit.

Dank der Arbeit, die Master Sha so offen mit mir geteilt hat, konnte ich viele Bereiche meines Lebens heilen, von denen ich nie wusste, dass sie möglich sind. Ich bin ein gut ausgebildeter Akupunkteur und Experte für Diagnostik. Ich habe bei vielen verschiedenen Ärzten und Denkschulen in Sachen Akupunktur und chinesischer Medizin gelernt. Aber nichts konnte mich darauf vorbereiten, wie viel effektiver Akupunktur ist, wenn sie mit den Techniken von Master Sha kombiniert wird.

Master Sha bot kürzlich eine Gruppen-Fernheilung mit einer Da Ai *(Größte Liebe) Tao Kalligrafie an, die er gerade geschrieben hatte. Zuvor hatte ich mich erschöpft und geistig schwer gefühlt. Nach der Übertragung fühlte ich mich sehr befreit und leicht. Die Symptome, die ich erlebte, haben sich aufgelöst, und ich fühle mich erneuert. Diese Unterstützung von Da Ai hat mir geholfen, die Dinge völlig umzukehren und meinen Zustand von Energie, Klarheit und Entschlossenheit zu erneuern.*

Ich kann meine Dankbarkeit nicht genug ausdrücken für das, was ich mit Tao Kalligrafie Transformativer Kunst erlebt habe.

Es ist unglaublich, dass sich dies so schnell in nur wenigen Minuten verändert hat! Ich danke Ihnen aus tiefstem Herzen für diese Wunderheilung.

— James Carter

Geistesblitzende Kraft für Heilung und Transformation

Ich bin verheiratet und kinderlos, ein pensionierter multinationaler Geschäftsmann, der sich jetzt in einen Meditationslehrer, einen spirituellen Heiler und einen veröffentlichten Autor gewandelt hat.

Heute nahm ich an einem Tao Kalligrafie Transformationskunst -Heilungsevent mit Master Sha teil, der eine äußerst kraftvolle Da Ai *Tao Kalligrafie schrieb. Meine Augen waren sehr müde, da es für mich das Ende des Tages war. Ich hatte starke Kopfschmerzen; der Schmerz war 8–9 auf einer Skala von 1–10. Ich hatte sehr starke Schmerzen und drehte und wendete mich buchstäblich, um den Schmerz abzuschütteln. Ich schloss meine Augen und blieb im hochfrequenten Lichtfeld, während Master Sha eine xi qing hu zhuo (Einatmen des positiven* Da Ai *Feldes der Tao Kalligrafie, Ausatmen des negativen Feldes meiner Kopfschmerzen) Selbstheilungsübung mit der* Da Ai *Tao Kalligrafie anbot.*

Nach der Heilsitzung waren meine schmerzhaften Kopfschmerzen völlig verschwunden! Die Geschwindigkeit und die Kraft der Heilung und Transformation, die Tao Kalligrafie Transformative Kunst mit sich bringt, sind atemberaubend!

Danke, Master Sha, für Ihre Großzügigkeit. Ich bin so dankbar für Tao Kalligrafie Transformative Kunst.

— E. O.

Sehr tiefe Reinigung transformierte die Angst

Ich lebte viele Jahre lang in verschiedenen Strandstädten des Los Angeles County, fünf Jahre lang in San Francisco, Kalifornien, und dann in Princeton, New Jersey. Seit 2006 lebe ich in Bucks County, Pennsylvania, nördlich von Philadelphia entlang des Delaware River. Hier gibt es viele historische Bauernhöfe, Steinhäuser, Freiflächen und wachsende Mehrfamilienhaus-siedlungen.

Ich habe verschiedene Berufe ausgeübt, darunter Eventplanung und -gestaltung für Messen und kleinere Veranstaltungen, zwei Geschäftspartnerschaften sowie Verkauf und Marketing von Seniorenwohnanlagen. Ich bin ordinierte interreligiöse Seelsorgerin und seit kurzem als Sterbebegleiterin zertifiziert.

Ich befinde mich seit meiner Kindheit auf einem spirituellen Weg, der stark von meiner Großmutter beeinflusst wurde. Vor meiner Scheidung praktizierte ich mehrere Monate lang mit großem Erfolg verschiedene Meditationen, EFT (Emotional Freedom Technique) und spirituelle Praktiken, darunter vier Jahre lang tiefe Vergebungspraktiken, bevor ich von Master Sha hörte.

Worte können den Frieden und die Stärkung nicht ausdrücken, die ich erhielt, als Master Sha eine Übertragung mit der Da Ai

Tao Kalligrafie gab, die er gerade während einer Online-Heilungsveranstaltung geschrieben hatte. Ich bat um Heilung meiner unausgewogen Emotion der Angst, weil ich viel Angst im Zusammenhang mit meinen Finanzen hatte.

Während der Meditation und der Atemübung im Da Ai *Feld Transformierender Kunst der Tao Kalligrafie fühlte ich eine sanfte, strahlende Wärme in meinen Nieren und meine Wirbelsäule hinauf bis zum Nacken. Ich sah schwache Bilder mit meinen spirituellen Kanälen, darunter viel kristallines Licht, und spürte winzige Vibrationen in meinem ganzen Körper.*

Nach der Heilsitzung schaute ich auf meinen Kontostand und mein Herz war ruhig. Ich hatte kein Herz- oder Magenflattern mehr, also weiß ich, dass dies eine sehr tiefe Reinigung von Blokkaden für mich war. Ich bin so dankbar.

— Judy Sato

Wegweisende Hochfrequenzheilung für die Menschheit

Ich bin eine fünfundfünfzigjährige Social-Media-Expertin, Beraterin, Trainerin, Rednerin und Geschäftsinhaberin. Ich lebe in Gaaden, Österreich, einer kleinen Stadt in der Nähe von Wien, mit drei Katzen namens San San, Seeker Rose und Gracie Sophie. Gracie gehört Andrea, einer guten Freundin, die mit mir zusammenlebt. Wir leben in einer ruhigen ländlichen Gegend am Rande eines Nationalparks mit einem Wald und einem See in der Nähe. Wir genießen die Natur und lieben es, nach der Arbeit im Wald spazieren zu gehen und zu laufen, um uns zu entspannen.

Vor etwa vier Monaten entwickelte ich Leber- und Gallenblasenprobleme, die mit Schmerzen im Gallenblasenmeridian begannen, die in meinen Rücken und bis in die rechte Seite meines Beins ausstrahlten. Meine Leber wurde auch sehr empfindlich gegenüber Berührungen.

Aufgrund meiner täglichen Leberschmerzen (die typischerweise 6–8 auf einer Skala von 1–10 hatten) hatte ich eine ständige Anspannung in meinem Körper. Es war unangenehm, meinen Körper zu bewegen, und die kühle Winterluft verstärkte meine Schmerzen, wenn ich nach draußen ging. Ich hatte Schmerzen im unteren Rücken und in meinem rechten Bein bis zum Knie, was mich daran hinderte, Sport zu treiben. Obwohl ich normalerweise gerne gehe und laufe, war meine Bewegungsfreiheit eingeschränkt und ich nahm wegen des Bewegungsmangels zu. Nachts konnte ich nicht auf der rechten Seite schlafen, da dies Schmerzen in meiner sehr empfindlichen Leber verursachte. Ich wurde ungeduldig und war ein wenig frustriert über meinen Zustand. Ich versuchte, die Schmerzen zu lindern, indem ich meine Essgewohnheiten änderte, aber das hatte keine Wirkung.

Ich bin so dankbar, dass ich kürzlich die Gelegenheit hatte, von Master Sha eine heilende Übertragung der Da Ai *Tao Kalligrafie Transformierende Kunst zu erhalten. Wir machten eine „xi qing hu zhuo" Einatmungs- und Ausatmungsübung mit der Kraft des* Da Ai *Tao Kalligrafie Feldes, die Master Sha gerade geschrieben hatte. Innerhalb einer Stunde war mein Schmerz auf Null reduziert! Das ist eine unglaublich kraftvolle Transformation innerhalb einer so kurzen Zeitspanne. Ich bin so glücklich, dass ich mich wieder frei bewegen und ohne Schmerzen trainieren kann.*

Ich kann Ihnen nicht genug danken, Master Sha, dass Sie der Menschheit diese revolutionäre Hochfrequenzheilung gebracht haben.

— Natascha Ljubic

Ich habe diese Praxis mit dem Tao Kalligrafie *Da Ai* Feld in den nächsten zwei Tagen noch zwei weitere Male online durchgeführt. Nach drei Tagen wurden die Übungen beendet. Hier sind einige zusätzliche Berichte, die wir erhalten haben.

Mein Herz schmolz in absolutem Frieden

Ich lebe mit meinem Mann in Oregon und habe in der Wartungsabteilung eines großen Produktionsunternehmens gearbeitet. Ich bin jetzt im Ruhestand.

Ich kämpfte mit Problemen, die negative Emotionen auslösten, als Master Sha während einer besonderen Veranstaltung letzte Woche eine Übertragung mit seinem Feld der Da Ai *Tao Kalligrafie Transformierender Kunst anbot. Ich bat um Heilung meines emotionalen Herzens und spürte, wie mein Herz in einen Zustand absoluten Friedens überging.*

Was immer mich anfangs verärgert hat, ist jetzt nicht mehr relevant. Ich bin so dankbar für diese Heilung durch das Feld der Tao Kalligrafie Transformierender Kunst.

— Patricia LeClair

Unerwartete Vorteile

Ich bin ein fünfundsechzigjähriger männlicher IT-Analyst im Ruhestand und lebe in der San Francisco Bay Area in Kalifornien. Ich bin ledig und habe eine erwachsene Tochter. Ich bin fasziniert von der Natur, den schönen Künsten und der persönlichen Kultivierung. Ich habe viele alte Traditionen studiert und freue mich, ihre Weisheit und Praktiken mit anderen zu teilen. Meine Lieblingsorte sind Mt. Shasta, Hawaii, Sedona und Big Sur. Ich fühle mich an wilden Orten wohl. Zur Sommersonnenwende 2021 nahm ich an einem spirituellem Retreat mit Master Sha teil.

Am 13. Januar 2022 erhielt ich eine heilende Übertragung von Master Sha's Da Ai *Tao Kalligrafie, die er während einer Live-Webcast-Veranstaltung schrieb. Ich wurde allgemein entspannter. Meine Gedanken beruhigten sich. Ich wurde schläfrig.*

Was ich nicht erwartet hatte, war die Entspannung und größere Harmonie, die ich in meinem Nacken und Kiefer erlebte. Ich spürte ein Schweigen, eine Stille in meinem Körper. Während dies für viele Menschen alltäglich erscheinen mag, war es für mich eine Seltenheit. Ich bin dankbar, dass ich die Gelegenheit hatte, diesen wunderbaren Segen aus dem Heilungsfeld der Tao Quelle zu empfangen.

— Jeffrey Remis

Wunderbares Ergebnis bei trockenen, schmerzhaften Augen

Ich bin sechsundsechzig Jahre alt und lebe in einer kleinen Stadt im Südwesten Deutschlands. Ich habe in verschiedenen Berufen gearbeitet, meist viele Stunden am Tag vor einem Computerbildschirm. Ich bin geschieden, habe keine Kinder und habe drei Schwestern und einen Bruder.

Ich habe sehr trockene und schmerzhafte Augen, was die Arbeit und das tägliche Leben unangenehm, stressig und oft sehr schwierig macht. Manchmal sind meine Augen extrem müde und ich kann nichts mehr lesen. Mein Augenproblem ist eine Folge von starken Medikamenten, die ich vor zwei Jahren genommen habe.

In einer Einführungsveranstaltung zur Tao Kalligrafie Transformierende Kunst vor einigen Tagen hat Master Sha eine neue Tao Kalligrafie Da Ai *geschaffen und großzügig eine heilende Übertragung für alle Teilnehmer für ein Thema unserer Wahl angeboten. Er führte uns durch einige Atemübungen mit dem Feld der Tao Kalligrafie Transformierende Kunst. Ich bat um Heilung für meine Augen, da sie von zu viel Computerarbeit sehr trocken und schmerzhaft waren.*

Während der Heil- und Atemübungen spürte ich, wie wohltuende Flüssigkeit und Licht in meine Augen kamen und sie sich zum ersten Mal seit Wochen entspannten. Es fühlte sich so gut an. Nach der Veranstaltung spürte ich, wie sich die Energie nicht nur in meinen Augen, sondern in meinem ganzen Körper bewegte. Am nächsten Morgen wachte ich frisch auf und konnte immer noch die Verbesserung meiner Augen spüren.

Jetzt ist fast eine Woche vergangen und meine Augen sind müde, aber nicht annähernd so sehr wie vor der Da Ai Übertragung. Sie sind auch nicht annähernd so trocken wie zuvor. Das ist ein wunderbares Ergebnis, für das ich sehr dankbar bin.

Ich werde weiterhin praktizieren und an weiteren Tao Kalligrafie Transformierende Kunst Heilveranstaltungen teilnehmen.

Ich danke Ihnen.

— I. L.

Das *Da Ai* Feld der Tao Kalligrafie kann jeden Aspekt des Lebens auf unfassbare Weise verändern. Bitte fangen Sie an, das Tao Kalligrafie *Da Ai* Feld in Abbildung 7 zu nutzen. Es gibt kein Zeitlimit. Da Ai ist der größte Heiler für alle Arten von Krankheiten, einschließlich der Krankheiten des physischen Körpers, des emotionalen Körpers, des mentalen Körpers und des spirituellen Körpers. Da Ai kann alle Arten von Beziehungen transformieren. Da Ai kann Ihre Finanzen und Ihr Geschäft transformieren. Da Ai kann Ihr Herz und Ihre Seele öffnen.

Wie Sie gelesen haben, habe ich drei Tage lang Hunderte von Menschen online zu der Atemübung xi qing hu zhuo im *Da Ai* Feld der Tao Kalligrafie angeleitet, jeden Tag etwa zwanzig Minuten lang. Dieses Feld ist für Sie und die Menschheit in Abbildung 7 dargestellt. Ich wünsche Ihnen, dass Sie üben und großen Nutzen daraus ziehen und dann diese heilige Praxis mit Ihren Lieben teilen.

Für Da Ai, die erste der Zehn Größten Da Qualitäten, möchte ich mit einem Satz schließen:

Da Ai, die Größte Liebe, die bedingungslose Liebe, schmilzt alle Blockaden in jedem Aspekt des Lebens.

Da Kuan Shu — Größte Vergebung: *Bringt innere Freude und inneren Frieden*

Vor etwa sechs Jahren, als ich eines Abends in Los Angeles war, um zu lehren und zu heilen, empfing ich die heiligen Sätze der Quelle für Shi Da, was *Zehn (Größte)* bedeutet.

Die heiligen Sätze, die ich für Da Kuan Shu, Größte Vergebung, erhalten habe, lauten:

er da kuan shu	二大宽恕
wo yuan liang ni	我原谅你
ni yuan liang wo	你原谅我
xiang ai ping an he xie	相爱平安和谐

二大宽恕 er da kuan shu
Die zweite der Zehn Da ist die Größte Vergebung
Er bedeutet *Zweiter*. Da bedeutet das *Größte*. Kuan shu bedeutet *Vergebung*.

我原谅你 wo yuan liang ni
Ich vergebe dir
Wo bedeutet *ich*. Yuan liang bedeutet *verzeihen*. Ni bedeutet *du*.

你原谅我 ni yuan liang wo
Du vergibst mir

相爱平安和谐 xiang ai ping an he xie
Liebe, Frieden, Harmonie
Xiang ai bedeutet *Liebe*. Ping an bedeutet *Frieden*. He xie bedeutet *Harmonie*.

Die Größte Vergebung ist die bedingungslose Vergebung. Vergebung ist eines der größten Geheimnisse der Heilung. Die Menschen sind sich vielleicht nicht bewusst, dass viele Krankheiten und viele Beziehungs- und Finanzprobleme auf Wut, Depression, Angst, Sorgen, Kummer, Furcht und andere emotionale und mentale Ungleichgewichte in den Beziehungen zurückzuführen sind. *Vergebung bringt innere Freude und inneren Frieden.* Anderen zu vergeben bedeutet, unsere Emotionen ins Gleichgewicht zu bringen und unserem Geist Frieden zu schenken. Deshalb ist Vergebung einer der goldenen Schlüssel zur Heilung.

Denken Sie an Ihre Familie oder Ihren Arbeitsplatz. Vielleicht gibt es Beziehungsprobleme zwischen Ihren Familienmitgliedern oder Ihren Mitarbeitern. Vielleicht haben Sie selbst Beziehungsprobleme mit einem Familienmitglied oder einem Kollegen. Wenn Familienmitglieder und Kollegen einander wirklich bedingungslos verzeihen würden, könnten ihre Beziehungsprobleme schnell gelöst werden.

Die vier heiligen Sätze für Da Kuan Shu, Größte Vergebung, sagen uns:

er da kuan shu	*Die Zweite ist die Größte Vergebung*
wo yuan liang ni	*Ich vergebe dir*

ni yuan liang wo *Du vergibst mir*
xiang ai ping an he xie *Liebe, Frieden, Harmonie*

Wann immer Sie sich über andere ärgern oder andere sich über Sie ärgern, folgen Sie diesen heiligen Sätzen — ich *vergebe dir. Du vergibst mir. Bringt Liebe, Frieden und Harmonie* — der Ärger wird verschwinden. Leider können viele Menschen einander nicht verzeihen. Sie ziehen es vor, zu streiten oder zurückzuschlagen. Es gibt alle möglichen Arten, negativ zu reagieren. Ich möchte gerne mehr von Lao Zis großer Weisheit weitergeben. Im letzten Kapitel des *Dao De Jing*, Kapitel einundachtzig, lehrt Lao Zi: „Tian zhi dao, li er bu hai; ren zhi dao, wei er bu zheng." Das bedeutet, dass *die Natur des Himmels und seine Regeln dazu dienen, anderen zu nützen und nicht zu schaden; der Weg des Menschen und seine Regeln dienen dazu, anderen zu nützen und nicht mit ihnen zu kämpfen*.

Angenommen, Familienmitglied „A" und Familienmitglied „B" haben Probleme miteinander. Wenn sie sich weiterhin streiten, werden die Probleme nie gelöst werden. Sie könnten immer schlimmer werden. Wenn aber „A" sich aufrichtig bei „B" entschuldigt und „B" sich aufrichtig bei „A" entschuldigt und sie sich gegenseitig vergeben, dann könnte sich ihre Beziehung schnell in eine Beziehung der Liebe, des Friedens und der Harmonie wandeln.

Millionen von Menschen glauben an Jesus. Als Jesus sagte: „Euch ist vergeben", vertrat er das Göttliche, das die Fehler eines Menschen vergibt. Dann geschahen wundersame Heilungen von Blinden, Aussätzigen, Gelähmten und mehr, einschließlich einiger Heilungen aus der Ferne.

Was hat Jesus getan? Er sandte eine positive Information mit der Botschaft: „Dir ist vergeben." Diese positive Information enthält die göttliche und himmlische Liebe, Vergebung und Licht. Sie verwandelte sofort die negativen Informationen, die Energie und die Materie der Person und bewirkte ein Wunder.

Das Tao Kalligrafie Feld enthält auch positive Informationen, Energie und Materie, die negative Informationen, Energie und Materie für Gesundheit, Beziehungen, Finanzen, die spirituelle Reise und jeden Aspekt des Lebens transformieren können.

Um es in einem Satz zusammenzufassen:

Da Kuan Shu, Größte Vergebung, die bedingungslose Vergebung, bringt Liebe, Frieden und Harmonie in jeden Aspekt des Lebens.

Üben Sie sich in größter Vergebung. Die Ergebnisse könnten unglaublich sein.

Da Ci Bei — Größtes Mitgefühl: *Steigert Energie, Ausdauer, Vitalität, Immunität und verjüngt*

Die dritte Größte Qualität der Zehn Da ist Da Ci Bei, Größtes Mitgefühl. Die heiligen Sätze, die ich von der Quelle für Größtes Mitgefühl erhalten habe, sind:

san da ci bei 三大慈悲
yuan li zeng qiang 愿力增强

fu wu zhong sheng 服务众生
gong de wu liang 功德无量

三大慈悲 san da ci bei
Die dritte Größte Qualität ist das Größte Mitgefühl
San bedeutet *Dritter*. Da bedeutet *am größten*. Ci bei bedeutet *Mitgefühl*.

愿力增强 yuan li zeng qiang
Steigerung und Erhöhung der Willenskraft
Yuan li bedeutet *Willenskraft*. Zeng bedeutet, *zuzunehmen*. Qiang bedeutet *stark*.

服务众生 fu wu zhong sheng
Der Menschheit dienen
Fu wu bedeutet *dienen*. Zhong Sheng bedeutet *Menschlichkeit*.

功德无量 gong de wu liang
Tugend ist unermesslich
Gong de bedeutet *Tugend*. Wu liang bedeutet *unermesslich*.

Wenn man auf dem spirituellen Weg anderen bedingungslos Liebe, Fürsorge und Hilfe gibt, registriert der Himmel diesen Dienst. Der Himmel gibt demjenigen dann als Belohnung himmlische Blumen. Die Blumen des Himmels werden Tugend genannt. Tugend (auf Chinesisch *gong de*) kann jeden Aspekt des Lebens segnen, einschließlich Heilung, harmonische Beziehungen, erblühende Finanzen und Erleuchtung auf dem spirituellen Weg.

san da ci bei *Die Dritte ist das Größte Mitgefühl*
yuan li zeng qiang *Erhöht und steigert die Willenskraft*

fu wu zhong sheng *Der Menschheit dienen*
gong de wu liang *Tugend ist unermesslich*

Mitgefühl ist eine sehr wichtige Eigenschaft für jeden Menschen. Millionen von Menschen kennen Guan Yin, den Buddha des Mitgefühls. Sie ist eine universelle Mutter, die auf der ganzen Welt bekannt ist. Wie Jesus hat sie unzählige Leben auf wundersame Weise gerettet. In alten Zeiten zum Beispiel erlebten Fischer auf dem Meer, dass das Wetter plötzlich umschlug. Heftige Winde heulten auf, und die Flutwellen brachten das Boot der Fischer zum Kentern und warfen sie ins Meer. Ein Fischer war sicher, dass er ertrinken und sterben würde, aber er erinnerte sich daran, den Himmel anzurufen: „Guan Yin, jiu ming 观音救命." Jiu bedeutet *retten*. Ming bedeutet *Leben*. Guan Yin jiu ming bedeutet *Guan Yin, rette mein Leben*. Nach diesem verzweifelten Appell versank der Fischer im Meer und verlor das Bewusstsein. Als er wieder aufwachte, lag er am Meeresufer. Sein Leben war gerettet. Es gibt viele Geschichten wie diese. Deshalb wurden in Südchina viele große Statuen von Guan Yin aufgestellt und viele Tempel in China und auf der ganzen Welt gebaut, um Guan Yins Größtes Mitgefühl als universelle Mutter zu ehren und ihrer zu gedenken.

Andere Berichte über die wundersamen Kräfte von Guan Yin stammen von Menschen, die Krebs im vierten Stadium mit Metastasen hatten. Medizinisch gesehen hatten sie keine Hoffnung. Aber sie hatten Ehrfurcht vor und Glauben an Guan Yin. Sie sangen ununterbrochen *Na Mo Guan Shi Yin Pusa* 南无观世音菩萨. Na mo bedeutet *ehren*.

Guan Shi Yin, der vollständige Name von Guan Yin, bedeutet *diejenige, die die Schreie der leidenden Menschheit hört*. Pusa bedeutet *Bodhisattva*. Im Laufe der Geschichte sind viele Berichte über die Heilung von Krebskranken und anderen Menschen mit hoffnungslosen Zuständen überliefert worden.

Guan Yin wurde vor langer Zeit ein Buddha, was das höchste Bewusstsein und die Erleuchtung bedeutet. Dies ist die höchste Errungenschaft auf der spirituellen Reise. Guan Yin legte das größte Gelübde ab: „Wenn es ein fühlendes Wesen gibt, das nicht erleuchtet ist, werde ich den Titel ‚Buddha' nicht verwenden." Ein Pusa oder Bodhisattva hat eine sehr hohe Stufe der spirituellen Verwirklichung erreicht, knapp unterhalb der Buddha-Stufe, die in anderen Traditionen dem höchsten Heiligen entspricht. Ein Pusa hat nicht das vollständige, höchste Bewusstsein und die Erleuchtung erreicht, aber ein Pusa ist immer noch ein hochrangiger Heiliger. Guan Yin nennt sich selbst eine Pusa wegen ihrer großen Demut und ihres größten Gelübdes.

Heute ist Guan Yin ein bekannter Name. Nicht nur Buddhisten, sondern buchstäblich Millionen von Menschen auf der ganzen Welt aus vielen verschiedenen Glaubenssystemen und Traditionen ehren Guan Yin. Die Menschen lieben sie zutiefst und respektieren sie. Sie ist wirklich eine bedingungslose und selbstlose Dienerin. Sie ist der Bodhisattva des Mitgefühls, der für immer in den Herzen und Seelen der Menschen lebt.

Mitgefühl hat die einzigartige Kraft, Energie, Ausdauer, Vitalität und Immunität zu steigern. Mitgefühl verjüngt. Mitgefühl erhöht die Willenskraft. Mitgefühl hat die Größte Liebe. Mitgefühl dient bedingungslos. Daher ist Da Ci Bei, das Größte Mitgefühl, eine der höchsten Qualitäten in den Zehn Da.

In einem Satz:

Da Ci Bei, Größtes Mitgefühl, d.h. bedingungsloses Mitgefühl, steigert die Energie, Ausdauer, Vitalität und Immunität und fördert die Verjüngung, in jedem Aspekt des Lebens.

Da Guang Ming — Größtes Licht: *Heilt und transformiert alles Leben*

Die heiligen Sätze, die ich für Da Guang Ming, das Größte Licht, erhalten habe, lauten:

si da guang ming	四大光明
wo zai Dao guang zhong	我在道光中
Dao guang zai wo zhong	道光在我中
tong ti tou ming	通体透明

四大光明 si da guang ming
Die vierte der Zehn Größten Qualitäten ist das Größte Licht und die größte Transparenz
Si bedeutet *vierter*. Da bedeutet *das Größte*. Guang ming bedeutet *Licht und Transparenz*.

我在道光中 wo zai Dao guang zhong

Ich bin im Licht der Tao Quelle
Wo bedeutet *ich*. Zai bedeutet *zu sein*. Dao guang bedeutet *Licht der Tao Quelle*. Zhong bedeutet *innen*.

道光在我中 Dao guang zai wo zhong
Das Licht der Tao Quelle ist in mir
Dao guang bedeutet *Licht der Tao Quelle*. Zai bedeutet *bei sein*. Wo bedeutet *ich*. Zhong bedeutet *innerhalb*.

通体透明 tong ti tou ming
Der ganze Körper ist transparent
Tong bedeutet *ganz*. Ti bedeutet *Körper*. Tou ming bedeutet *transparent*.

Jeder weiß, dass man, wenn man nachts einen Raum betritt, ein Licht einschalten muss, um sehen zu können. Wissenschaftler haben gezeigt, dass der menschliche Körper alle Arten von Licht ausstrahlt. Dieses Licht ist für das menschliche Auge vielleicht nicht sichtbar. Aber es könnte für spezielle Kameras oder andere spezielle Instrumente sichtbar sein. Es könnte auch für manche Menschen sichtbar sein, die weit geöffnete spirituelle Kanäle haben.

Da Guang Ming ist das größte Licht der Quelle des Tao. Das Licht der Quelle des Tao ist unsichtbar, aber es existiert. Da Guang Ming verbindet sich mit dem Licht der Quelle. Dieses Licht kann unsere negativen Informationen, Energie und Materie transformieren. Das Größte Licht enthält einige der positivsten Informationen, Energie und Materie, die jeden Aspekt des Lebens, einschließlich Gesundheit, Beziehungen und Finanzen, transformieren und die spirituelle Reise erleuchten können.

si da guang ming	*Die Vierte ist das Größte Licht*
wo zai Dao guang zhong	*Ich bin im Licht der Tao Quelle*
Dao guang zai wo zhong	*Das Licht der Tao Quelle ist in mir*
tong ti tou ming	*Der ganze Körper ist transparent*

Stellen Sie sich vor, Sie befinden sich im Licht der Tao Quelle. Das Licht der Tao Quelle enthält Informationen, Energie und Materie der Quelle, die die reinsten Informationen, Energie und Materie sind und die die negativen Informationen, Energie und Materie in jedem Aspekt des Lebens transformieren können. Das gemeinsame Singen und Visualisieren dieser vier Zeilen ist sehr kraftvoll. Der Nutzen könnte unvorstellbar groß sein.

In einem Satz:

**Da Guang Ming, Größtes Licht,
heilt und transformiert jeden Aspekt des Lebens.**

Da Qian Bei — Größte Demut:
Transformiert und heilt das Ego, um beständig zu wachsen

Ich habe die folgenden heiligen Sätze für Da Qian Bei, Größte Demut, von der Quelle erhalten:

wu da qian bei	五大谦卑
rou ruo bu zheng	柔弱不争
chi xu jing jin	持续精进
shi qian bei	失谦卑
die wan zhang	跌万丈

五大谦卑 wu da qian bei
Die fünfte der Zehn Größten Qualitäten ist die Größte Demut
Wu bedeutet *fünfte*. Da bedeutet *am größten*. Qian bei bedeutet *Demut*.

柔弱不争 rou ruo bu zheng
Sei weich, sanft und schwach; kämpfe nicht, streite nicht und diskutiere nicht
Rou bedeutet *weich und sanft*. Ruo bedeutet *schwach*. Bu zheng bedeutet, *nicht zu kämpfen, zu kämpfen oder zu streiten*.

Es gibt eine berühmte Aussage: di shui chuan shi 滴水穿石, was bedeutet, dass *tropfendes Wasser einen Felsen durchbohren kann*. Kong Zi, bekannt als Konfuzius, der Begründer des Konfuzianismus, traf Lao Zi, den Autor des *Dao De Jing*. Eine der wichtigsten Lehren von Lao Zi ist rou ruo sheng gang qiang 柔弱胜刚强 (*weich und schwach kann hart und fest überwinden*). Lao Zi öffnete seinen Mund, um Kong Zi seine Zunge und die fehlenden Zähne zu zeigen und fragte: „Wer bleibt länger? Die Zähne oder die Zunge?" Die Zunge ist weich, bleibt aber viel länger als die harten Zähne.

持续精进 chi xu jing jin
Schreiten Sie in allen Lebensbereichen weiter kraftvoll voran.
Chi xu bedeutet *weitermachen*. Jing jin bedeutet, *kraftvoll voranzugehen*.

失谦卑 shi qian bei
Demut verlieren
Shi bedeutet *zu verlieren*. Qian bei bedeutet *Demut*.

跌萬丈 die wan zhang
Unendlich tief fallen
Die bedeutet *fallen*. Wan bedeutet *zehntausend,* was im Chinesischen für *unendlich* oder *unzählig steht*. Zhang ist eine Längeneinheit, *etwa 3,3 Meter*.

Wang Yang Ming war ein bekannter Philosoph und Kalligraf im China des frühen sechzehnten Jahrhunderts. Eine seiner berühmtesten Lehren ist xin xue 心学, was *Herzensstudium* bedeutet. Er lehrte auch: „Das Ego ist der größte Feind des Lebens." Da Qian Bei, die Größte Demut, ist der Schlüssel, um das Ego zu heilen und zu verhindern, dass sich das Ego entwickelt. Das Ego kann jeden Aspekt des Lebens blockieren, einschließlich Gesundheit, Beziehungen, Geschäft, Finanzen und die spirituelle Reise. Ego kann dazu führen, dass man große Fehler macht. Das Ego zu transformieren ist sehr wichtig, um das ganze Leben zu transformieren.

Im neunten Kapitel des *Dao De Jing* schreibt Lao Zi: fu gui er jiao, zi yi qi jiu 富贵而骄, 自遗其咎. *Reichtum, Rang und Stolz werden einem Unglück bringen.*

wu da qian bei	*Die Fünfte ist die Größte Demut*
rou ruo bu zheng	*Sanft, weich und schwach; nicht kämpfen, streiten oder argumentieren*
chi xu Jing jin	*Kontinuierlich und kraftvoll vorwärts gehen*
shi qian bei	*Demut verlieren*
die wan zhang	*Unendlich tief fallen*

Tao ist die Größte Demut. Tao erschafft jeden und alles. Das Tao nährt jeden und alles. Tao beansprucht keine Anerkennung für irgendjemanden oder irgendetwas. Tao ist mehr als mächtig. Tao ist sanft und weich. Tao ist ungehört, ungesehen und ungespürt. Tao gibt uns einen freien Willen. Tao mischt sich nicht ein, kämpft nicht, strebt nicht voran und streitet nicht. Wenn wir uns einfach mit Tao durch das Tao Kalligrafie Feld verbinden und Tao um einen Segen bitten, segnet uns Tao bedingungslos. Deshalb ist Tao die Größte Demut.

In einem Satz:

Da Qian Bei, Größte Demut,
verhindert und heilt das Ego in
jedem Aspekt des Lebens.

Da He Xie — Größte Harmonie: *Das Geheimnis des Erfolgs*

Ich habe vier heilige Sätze für Da He Xie, die Größte Harmonie, erhalten:

liu da he xie	六大和谐
san ren tong xin	三人同心
qi li duan jin	其利断金
cheng gong mi jue	成功秘诀

六大和谐 liu da he xie
Die sechste der Zehn Größten Qualitäten ist die Größte Harmonie

Liu bedeutet *sechster*. Da bedeutet *das Größte*. He xie bedeutet *Harmonie*.

三人同心 san ren tong xin
Drei Menschen, die ihre Herzen miteinander verbinden
San bedeutet *drei*. Ren bedeutet *Person*. Tong bedeutet *zusammenfügen*. Xin bedeutet *Herz*.

其利断金 qi li duan jin
Ihre Stärke ist wie ein scharfes Schwert, das Gold durchschneiden kann
Qi bezieht sich auf *die drei Menschen, die ihre Herzen miteinander verbinden*. Li bedeutet *scharf*. Duan bedeutet *schneiden*. Jin bedeutet *Gold*.

成功秘诀 cheng gong mi jue
Das Geheimnis des Erfolgs
Cheng gong bedeutet *Erfolg*. Mi jue bedeutet *Geheimnis*.

Drei große Philosophien und Lehren bilden den Kern der chinesischen Kultur: Taoismus, Buddhismus und Konfuzianismus. Die Theorie der traditionellen chinesischen Medizin stammt zum Beispiel aus den Lehren des Tao.

He xie, die Harmonie, ist eine zentrale Lehre im Taoismus, Buddhismus, Konfuzianismus und in der traditionellen chinesischen Medizin. Ein Mensch hat zum Beispiel eine Leber, ein Herz, eine Milz, eine Lunge, Nieren, ein Gehirn und verschiedene andere Organe. Die Harmonie zwischen all diesen Organen ist der Schlüssel zur Gesundheit.

Jede Familie braucht Harmonie. Es gibt eine alte Aussage: jia he wan shi xing 家和萬事興. Jia bedeutet *Familie*. He bedeutet *harmonisch*. Wan bedeutet *zehntausend,* was für *unzählig* oder *alles* steht. Shi bedeutet *Sache*. Xing bedeutet, *zu gedeihen*. Jia he wan shi xing bedeutet, dass *eine harmonische Familie alles zum Erblühen bringt*.

Jedes Unternehmen und jede Organisation braucht Harmonie. Harmonie ist das entscheidende Geheimnis für Gesundheit, Beziehungen und Erfolg in jedem Aspekt des Lebens.

Damit ein Unternehmen erfolgreich sein kann, benötigt es beispielsweise zwei Teams: das physische Team und das Team des Himmels. Wenn innerhalb des physischen Teams Harmonie herrscht, harmoniert jede Abteilung und jeder Bereich mit jeder anderen Abteilung und jedem anderen Bereich, und alle Mitarbeiter harmonieren nicht nur miteinander, sondern auch mit vielen Qualitäten des Unternehmens, wie der strategischen Vision, den Umsetzungsplänen, den Kontrollen, dem Marketing und vielem mehr. Harmonie ist der Schlüssel.

Die geheime Weisheit für den Erfolg eines Menschen, einer Familie, einer Organisation, eines Unternehmens, einer Gesellschaft, einer Stadt, eines Landes, der Mutter Erde und unzähliger Planeten, Sterne, Galaxien und Universen ist Harmonie.

liu da he xie	*Die Sechste ist Größte Harmonie*
san ren tong xin	*Drei Menschen, die ihre Herzen miteinander verbinden*
qi li duan jin	*Ihre Schärfe kann Gold durchschneiden*

cheng gong mi jue	*Das tiefgreifende Geheimnis und der Schlüssel zum Erfolg*

Es gibt eine alte Weisheit: tian ren he yi 天人合一. Tian bedeutet *das größere Universum, das das Team des Himmels ist*. Ren *ist das kleine Universum, das Team des Menschen*. He bedeutet, *sich zu verbinden*. Yi bedeutet *Einheit*. Tian ren he yi bedeutet, dass das *Team des Himmels und das Team des Menschen in Größter Harmonie zusammenarbeiten*. Dies ist das größte Geheimnis für den größten Erfolg.

In einem Satz:

Da He Xie, Größte Harmonie, ist der Schlüssel zum Erfolg in jedem Aspekt des Lebens.

Da Chang Sheng — Größtes Erblühen: *Der Antrieb für weitere Errungenschaften*

Ich erhielt diese heiligen Sätze für Da Chang Sheng, Größtes Erblühen:

qi da chang sheng	七大昌盛
Dao ci ying fu	道赐盈福
xing shan ji de	行善积德
Dao ye chang sheng	道業昌盛

七大昌盛 qi da chang sheng
Die siebte der Zehn Größten Qualitäten ist das Größte Erblühen
Qi bedeutet *siebter*. Da bedeutet *am größten*. Chang Sheng bedeutet er*blühend* oder *wohlhabend*.

道賜盈福 Dao ci ying fu
Die Quelle des Tao schenkt großen Segen und Glück in jedem Aspekt des Lebens
Dao ist die Quelle des Tao. Ci bedeutet *schenken*. Ying Fu bedeutet *großen Segen und Glück in jedem Aspekt des Lebens*.

行善积德 xing shan ji de
Tue gute Dinge, um Tugend zu sammeln
Xing bedeutet *handeln und tun*. Shan bedeutet *Freundlichkeit*. Ji bedeutet *ansammeln*. De bedeutet *Tugend*.

道業昌盛 Dao ye chang sheng
Tao Karriere erblüht
Dao ist die Quelle des Tao. Ye bedeutet *Karriere*. Chang Sheng bedeutet *erblühend* oder *wohlhabend*.

Tao ist der ultimative Schöpfer, der jeden und alles erschafft, einschließlich der Menschen. Tao ist in jedem und allem. Jedes menschliche Wesen hat Tao Natur und -Qualitäten. Die spirituelle Verschmutzung der Menschen, einschließlich Gier, Ärger, Mangel an Weisheit in Aktivitäten, Handlungen, Verhalten, Sprache und Gedanken, Zweifel, Ego und mehr, blockiert unsere Gesundheit, Beziehungen, Finanzen und unsere spirituelle Reise. Um in jedem Aspekt des Lebens aufzublühen, muss jeder mit dem Tao kommunizieren.

Sie wissen vielleicht nicht, wie Sie mit dem Tao kommunizieren können. Tao ist der Weg des gesamten Lebens. Wenn Sie die Prinzipien des Tao in jedem Aspekt des Lebens befolgen, einschließlich Schlafen, Essen, Kindererziehung, Studieren, Arbeiten, Geschäfte machen und mehr, kommunizieren *Sie* mit dem Tao. Dann kann das Tao Ihnen in jedem Aspekt des Lebens große Weisheit und Erfolg schenken.

Das Tao erschafft und nährt jeden und alles. Wenn Sie bedingungslos dienen, werden Sie viel mehr erhalten als jemand, der nicht bedingungslos dient. Nur durch bedingungsloses Dienen kann Ihre Karriere sehr erblühend sein. Wenn Sie anderen dienen, folgen Sie den Prinzipien des Tao. Daher ist Ihre Karriere eine Tao Karriere. Wenn Sie anderen selbstsüchtig dienen, ist Ihre Karriere keine Tao Karriere.

Je öfter Sie die Zehn Da in Ihrem Beruf anwenden, desto mehr kann Ihre Arbeit gedeihen. Je mehr Sie die Zehn Da in Ihrem täglichen Leben anwenden, desto mehr kann jeder Aspekt Ihres Lebens erblühen.

qi da chang sheng	*Die Siebte ist das Größte Erblühen*
Dao ci ying fu	*Die Quelle des Tao schenkt großen Segen und Glück*
xing shan ji de	*Tue gute Dinge, um Tugend zu sammeln*
Dao ye chang sheng	*Tao Karriere erblüht*

Tao erschafft den Himmel, Mutter Erde und unzählige Planeten, Sterne, Galaxien und Universen, einschließlich der Menschen. Tao und De nähren jeden und alles. Tao ci ying fu bedeutet, dass *Tao großen Segen und Glück in jedem Aspekt des Lebens schenkt*. Diese vier heiligen Sätze für Da

Chang Sheng lehren das Geheimnis, dass Tao großen Segen und Reichtum schenken kann, wenn sich jeder wirklich mit Tao verbindet.

In einem Satz:

Da Chang Sheng, Größtes Erblühen, ist die Energie und Unterstützung, um in jedem Aspekt des Lebens mehr zu dienen.

Da Gan En — Größte Dankbarkeit: *Der Schlüssel zum Fortschritt*

Ich habe diese heiligen Sätze für Da Gan En, Größte Dankbarkeit, erhalten:

ba da gan en 八大感恩
Dao sheng de yang 道生德养
zai pei ci hui 栽培赐慧
Dao en yong cun 道恩永存

八大感恩 ba da gan en
Die achte der Zehn Da Qualitäten ist die Größte Dankbarkeit
Ba bedeutet *achte*. Da bedeutet *am größten*. Gan en bedeutet *Dankbarkeit*.

道生德养 Dao sheng de yang
Tao Quelle schafft und nährt
Sheng bedeutet *erschaffen*. De ist das *shen kou yi* (Handlungen, Aktivitäten, Verhaltensweisen, Sprache, Gedanken) *und die Tugend des Tao*. Yang bedeutet *nähren*.

栽培赐慧 zai pei ci hui
Die Quelle des Tao kultiviert und verleiht Weisheit und Intelligenz an jeden und alles
Zai pei bedeutet *kultivieren, wachsen und erziehen*. Ci bedeutet *schenken*. Hui bedeutet *Weisheit*.

道恩永存 Dao en yong cun
Unsere Ehrung des Tao wird ewig dauern
En bedeutet *Ehre*. Yong cun bedeutet, *für immer zu existieren*.

Größte Dankbarkeit ist eine der besten Eigenschaften, die wir haben können. Denken Sie an unsere Eltern, die uns großgezogen haben. Denken Sie an unsere Lehrer in der Schule — in der Grundschule, in der Oberschule und im Studium. Denken Sie an unsere Lehrer in unserem Beruf oder unserer Arbeit. Denken Sie an alle, die unsere Weisheit, unser Wissen, unsere Liebe, unser Mitgefühl und vieles mehr gefördert haben. Denken Sie an diejenigen, die uns vorgelebt haben, wie wir handeln und sprechen sollen. Denken Sie an diejenigen, die unsere Fehler korrigiert haben. Ohne sie alle wären wir nicht in der Lage gewesen, zu dem zu werden, was wir sind. Wir müssen jedem dankbar sein, der uns in unserem Leben geholfen hat. Wir müssen auch für die Lektionen dankbar sein, die wir im Leben gelernt haben. Die Lektionen, die wir lernen, machen uns weiser, so dass wir die gleichen Fehler nicht noch einmal machen werden.

ba da gan en	*Die Achte ist die Größte Dankbarkeit*
Dao sheng de yang	*Tao schafft, De nährt*
zai pei ci hui	*Das Tao schenkt allen Weisheit*

Dao en yong cun *Unsere Verehrung des Tao wird für immer bleiben*

Wer die Größte Dankbarkeit empfindet, wird in jedem Aspekt des Lebens Fortschritte machen. Dankbarkeit sollte aus dem Herzen und der Seele kommen. Dankbarkeit ist so wichtig für das Leben.

Die Quelle des Tao erschafft uns, nährt uns und schenkt uns Weisheit und Gnade, um uns zu befähigen, in jedem Aspekt des Lebens erfolgreich zu sein. Wir können die Größte Dankbarkeit gegenüber Tao und De nicht genug zum Ausdruck bringen. Daher sollte unsere Ehre für die Gunst, den Segen und die Gnade von Tao und De immer in unseren Herzen und Seelen bleiben.

In einem Satz:

Da Gan En, die Größte Dankbarkeit, ist der Schlüssel zur Steigerung des Erfolgs in jedem Aspekt des Lebens.

Da Fu Wu — Größter Dienst: *Der Sinn des Lebens*

Die heiligen Sätze, die ich für Da Fu Wu, den größten Dienst, erhalten habe, lauten:

jiu da fu wu 九大服务
shi wei gong pu 誓为公仆
wu si feng xian 无私奉献
shang cheng fa men 上乘法门

九大服务 jiu da fu wu
Die neunte der Zehn Da ist der Größte Dienst
Jiu bedeutet *Neunte*. Da bedeutet *das Größte*. Fu wu bedeutet *Dienst*.

誓为公仆 shi wei gong pu
Gelübde, ein Diener der Menschheit zu sein
Shi bedeutet *Gelübde*. Wei bedeutet *„sein"*. Gong pu bedeutet *Diener der Menschheit*.

无私奉献 wu si feng xian
Sich selbstlos in den Dienst anderer stellen
Wu bedeutet *nicht*. Si bedeutet *selbst*. Feng xian *bedeutet, sich anderen hingebungsvoll zur Verfügung zu stellen*.

上乘法门 shang cheng fa men
Die höchste Methode und das Tor zur Heilung, Transformation und Erleuchtung der eigenen Seele, des Herzens, des Geistes und des Körpers
Shang cheng bedeutet *das Höchste*. Fa bedeutet *Dharma*. Men bedeutet *Tor* oder *Tür*.

Der Sinn des Lebens ist es, zu dienen. Diesem Zweck habe ich mein Leben gewidmet. Zu dienen bedeutet, andere glücklicher und gesünder zu machen. Dienen heißt, andere zu befähigen und zu erleuchten.

Der Mensch hat ein physisches Leben und eine spirituelle Reise. Das physische Leben ist begrenzt. Die spirituelle Reise ist ewig. Das physische Leben wird uns gegeben, damit wir unserer Seelenreise dienen können, welches das Leben unserer Seele ist.

Es gibt zwei Arten von Diensten und Leistungen. Die eine Art ist, sich selbst zu dienen, um den eigenen Erfolg und die eigene Erleuchtung zu erreichen. Die andere Art ist, anderen zu dienen, um anderen zu Erfolg und Erleuchtung zu verhelfen. Viele Menschen denken, dass es vorrangig ist, sich selbst zu dienen. In Wirklichkeit ist es viel wichtiger, anderen zu dienen, sie zu stärken und zu erleuchten.

Warum leidet der Mensch? Spirituelle Weisheit auf hoher Ebene, erklärt, dass der Mensch aufgrund von Selbstbezogenheit oder Selbstzentriertheit leidet. Eine Person könnte alles, woran sie denkt, in Gedanken an sich selbst transformieren. Das kann sich als Gier, Zorn, Mangel an Weisheit in dem, was Sie tun, was Sie sagen und was Sie denken, als Zweifel, Ego, Wettbewerb, Eifersucht, Kampfgeist und vielem mehr äußern. Ich habe dies bereits erklärt. Ich betone es noch einmal: Diese Eigenschaften der Selbstanhaftung und Selbstbezogenheit sind allesamt geistige Verschmutzungen im Herzen und in der Seele. Diese Eigenschaften der Selbstbezogenheit sind die Ursache für alle Herausforderungen in den Bereichen Gesundheit, Beziehungen, Finanzen und auf dem spirituellen Weg.

Um Gesundheit, Beziehungen, Finanzen und den spirituellen Weg zu transformieren, liegt der Schlüssel in weniger „ich, ich, ich", weniger Selbstbezogenheit und weniger Selbstanhaftung. Ein hochgradig erleuchtetes spirituelles Wesen könnte den Zustand erreichen, das „ich, ich, ich" vollständig abzuschaffen. Wenn man in der Lage ist, anderen bedingungslos und selbstlos zu dienen, kann jeder Aspekt des Lebens auf unbeschreibliche Weise transformiert werden. Ich freue mich, ein Geheimnis in einem Satz mit Ihnen zu teilen:

Anderen zu dienen bedeutet, „ich, ich, ich" zu reduzieren; anderen bedingungslos zu dienen bedeutet, kein „ich, ich, ich" zu verwirklichen.

Guan Yin, der Buddha des Mitgefühls, hat der Menschheit und allen Seelen Millionen von Leben lang bedingungslos gedient. Daher ist sie eine universelle Mutter geworden. Der Himmel und das Tao gaben ihr den Ehrentitel Qian Shou Qian Yan (*Tausend Hände, Tausend Augen*), Da Ci Da Bei (*Größtes Mitgefühl*), Jiu Ku Jiu Nan (*Rettung der Menschen vor Bitterkeit und Katastrophen*), Guang Da Yuan Man (*Größte Erleuchtung*), Buddha.

Wenn Sie sich verpflichten, anderen bedingungslos zu dienen, werden andere vielleicht nicht erleuchtet, aber Sie könnten zuerst erleuchtet werden.

Um Ihre Seele zu erleuchten, ist bedingungsloses Dienen ein *Muss*. Was bedeutet es, bedingungslos zu dienen? Bedingungslos zu dienen bedeutet, ohne „ich, ich, ich" zu dienen. Man muss selbstlos dienen, ohne „ich, ich, ich".

Shen kou yi ist unser tägliches Leben. Shen bedeutet *Aktivitäten, Handlungen und Verhaltensweisen*. Kou bedeutet *Sprache*. Yi bedeutet *Gedanken*. Jeder Mensch hat jeden Tag shen kou yi. Können wir unser shen kou yi darauf ausrichten, anderen bedingungslos zu dienen? Selbstlos? Wenn ja, könnten Sie bemerkenswerte Veränderungen in Ihrer Gesundheit, Ihren Beziehungen und Ihren Finanzen erfahren und unvorstellbaren Auftrieb für Ihre Reise zur Erleuchtung der Seele erhalten.

jiu da fu wu	*Die neunte der Zehn Da Qualitäten ist der Größte Dienst*
shi wei gong pu	*Gelübde, der Menschheit zu dienen*
wu si feng xian	*Sich selbstlos in den Dienst anderer stellen*
shang cheng fa men	*Die höchste Methode und das Tor zur Erleuchtung*

Es gibt ein universelles Gesetz, das universelle Gesetz des Universellen Dienstes. Es beginnt mit diesen drei Aussagen:

Diene anderen ein wenig,
erhalte eine kleine Belohnung von der Tao Quelle.

Diene anderen mehr,
erhalte mehr Belohnung von der Tao Quelle.

Diene anderen bedingungslos,
erhalte unbegrenzte Belohnung von der Tao Quelle.

Es spielt keine Rolle, wer Sie sind. Es spielt keine Rolle, welchen Beruf Sie ausüben. Denken Sie bei allem, was Sie tun, sprechen und denken, immer daran, dass Sie andere gesünder, glücklicher, fähiger und erleuchteter machen.

Die Menschheit steht vor allen möglichen Herausforderungen, unter anderem in den Bereichen Gesundheit, Beziehungen, Finanzen und auf dem spirituellen Weg. Der absolute Schlüssel zum Dienen ist der selbstlose Dienst oder der bedingungslose Dienst am Nächsten, ohne „ich, ich, ich". Das ist leicht gesagt, aber sehr schwierig umzusetzen.

Daher trägt Da Fu Wu, der größte, bedingungslose und selbstlose Dienst, Informationen, Energie und Materie des Tao, die unsere negativen Informationen, Energie und Materie transformieren können, so dass wir anderen bedingungslos und selbstlos dienen können.

In einem Satz:

**Da Fu Wu, Größter Dienst,
ist der Sinn des Lebens in jeder Hinsicht.**

Da Yuan Man — Größte Erleuchtung: *Die ultimative Errungenschaft für das eigene Leben*

Die Quelle des Tao gab mir vier heilige Sätze für Da Yuan Man, Größte Erleuchtung:

shi da yuan man	十大圆满
ling xin nao shen yuan man	靈心脑身圆满
ren di tian Dao shen xian ti	人地天道神仙梯
fu wu xiu lian cai ke pan	服务修炼才可攀

十大圆满 shi da yuan man
Die zehnte der Zehn Da Qualitäten ist Größte Erleuchtung
Shi bedeutet *zehnter*. Da bedeutet *Größte*. Yuan man bedeutet *Erleuchtung*.

靈心脑身圆满 ling xin nao shen yuan man
Erleuchtung von Seele, Herz, Geist und Körper

Ling bedeutet *Seele*. Xin bedeutet *Herz*, das den Kern des Lebens darstellt. (Dies ist das spirituelle Herz, das der Empfänger der Informationen oder Botschaften der Seele ist. Ein Mensch hat ein Herz. Ein Haustier hat ein Herz. Hat ein Berg ein Herz? Hat ein Ozean ein Herz? Hat Mutter Erde ein Herz? Die Antworten lauten „ja". Lebende Dinge haben ein Herz. Auch unbelebte Dinge haben ein Herz.) Nao bedeutet *Bewusstsein*. Shen bedeutet *Körper*. Auf der Reise zur Erleuchtung muss zuerst die Seele erleuchtet werden, dann das Herz, als nächstes der Geist und schließlich der Körper.

人地天道神仙梯 ren di tian Dao shen xian ti
Heilige haben vier Hauptebenen oder Stufen: menschliche Heilige, Heilige der Mutter Erde, Himmelsheilige und Tao-Heilige
Ren bedeutet *Mensch*. Di bedeutet *Mutter Erde*. Tian bedeutet *„Himmel"*.

Dao ist die Quelle des Tao. Shen xian bedeutet *Heilige*. Ti bedeutet Stufe.

Was ist ein Heiliger? Ein Heiliger hat bewusstes Sein erlangt. Bewusstes Sein bedeutet, die universellen Wahrheiten zu erkennen und die universellen Wahrheiten zu verkörpern. Zehn Da sind die höchste universelle Wahrheit. Zehn Da sind die Natur der Tao Quelle. Bewusstseinszustände haben Ebenen. Daher gibt es vier unterschiedliche Ebenen von Heiligen.

Ren xian 人仙 bedeutet *menschlicher Heiliger*. Ein ren xian kann den Zustand eines Menschen verändern. Menschliche Heilige haben auch den Zustand fan lao huan tong 返老还童 erreicht. Fan bedeutet *zurückkehren*. Lao bedeutet *hohes Alter*. Huan bedeutet auch *zurückkehren* oder *zurückgehen*. Tong bedeutet *der Baby-Zustand*. Fan lao huan tong bedeutet, *vom Alter in die Reinheit und Gesundheit des Babyzustands zurückzukehren*. Das ist wahre Verjüngung.

Di xian 地仙 bedeutet *Heilige der Mutter Erde*. Die Qualität eines di xian ist sehr hoch. Ein di xian kann die Bedingungen von Mutter Erde verändern.

Tian xian 天仙 bedeutet *Himmelsheiliger*. Ein tian xian hat sogar noch höhere Fähigkeiten, die die Gegebenheiten des Himmels umgestalten können.

Dao xian 道仙 ist ein *Heiliger der Tao Quelle*, der höchste Heilige. Ein Dao xian kann unzählige Planeten, Sterne, Galaxien und Universen transformieren, denn Tao ist der ultimative Schöpfer und die Quelle unzähliger Planeten, Sterne, Galaxien und Universen.

Die Weisheit der vier Ebenen der Heiligen (ren xian, di xian, tian xian, Dao xian) ist eine uralte geheime Weisheit des Tao. Welche Kraft und Bedeutung hat es, ein ren xian, di xian, tian xian oder Dao xian zu sein? Wie erklimmen die Heiligen die Stufen, um höhere und höhere Ebenen zu erreichen? In drei Büchern, die ich über das Dao geschrieben habe, habe ich tiefere altehrwürdige Weisheiten und geheime Praktiken mitgeteilt.[4] Wenn Sie inspiriert sind, mehr über diese fortgeschrittene seelische Leistung zu erfahren, lesen Sie sie bitte und üben Sie mit ihnen.

服务修炼才可攀 fu wu xiu lian cai ke pan
Bedingungsloses Dienen ist der einzige Weg, um die Treppe zum Himmel und des Dao zu erklimmen und ein ren xian, di xian, tian xian und Dao xian zu werden.
Fu wu bedeutet *Dienst*. Xiu bedeutet *Reinigung*. Lian bedeutet *Praxis*. Xiu lian bedeutet *Reinigungspraxis*. Fu wu xiu lian ist die Reinigungspraxis des *Dienstes*, die darin besteht, bedingungslos zu dienen. Es gibt viele spirituelle Glaubenssysteme. Jedes spirituelle Glaubenssystem lehrt und praktiziert xiu lian auf seine eigene Weise. Die Essenz ist dieselbe. Cai bedeutet *nur*. Ke bedeutet fähig *sein*. Pan bedeutet *aufsteigen*.

Xiu lian lässt sich in einem Satz erklären:

Xiu lian bedeutet, das shen kou yi eines Menschen zu reinigen, einschließlich Aktivitäten, Handlungen, Verhaltensweisen, Sprache und Gedanken, zum shen kou yi eines Heiligen.

---

[4] Zhi Gang Sha, *Tao I: Der Weg des gesamten Lebens* (Richmond Hill, Ontario/Cardiff, CA: Heaven's Library Pub. Corp./Waterside Productions, 2019); *Tao II: The Way of Healing, Rejuvenation, Longevity, and Immortality (New York*, New York/Toronto, Ontario: Atria Books/Heaven's Library Pub. Corp., 2010); *Tao Classic of Longevity and Immortality: Sacred Wisdom and Practical Techniques* (Dallas, Texas/Richmond Hill, Ontario: BenBella Books/Heaven's Library Pub. Corp., 2018).

Was ist das shen kou yi eines Menschen? Das menschliche shen kou yi entsteht durch Selbstbezogenheit und Selbstzentriertheit. In jedem Aspekt des Lebens bedeutet dies, dass man zuerst an „ich, ich, ich" denkt. Der Zweck von xiu lian ist es, die Selbstsucht zur Selbstlosigkeit zu transformieren. Ich kann nicht genug betonen, dass eine wirkliche Reinigung darin besteht, alle Arten menschlicher Verschmutzung zu entfernen, einschließlich:

- tan 贪 *Gier*
- chen 嗔 *Zorn*
- chi 痴 *Mangel an Weisheit in shen kou yi*
- yi 疑 *Zweifel*
- man 慢 *Ego*
- ming 名 *Ruhm*
- li 利 *Fokus auf Geld und Macht*
- zheng dou 争斗 *Kämpfen*
- du ji 妒忌 *Eifersucht*
- jing zheng 竞争 *Wettbewerb*
- und mehr

Entfernen Sie die oben genannten menschlichen Verschmutzungen, um die Ebene eines Heiligen zu erreichen. Reinigen Sie sich weiter und dienen bedingungslos, um höhere und höhere Ebenen der Erleuchtung zu erreichen.

shi da yuan man	*Die Zehnte der Zehn Da Qualitäten ist die Größte Erleuchtung*
ling xin nao shen yuan man	*Erleuchtung von Seele, Herz, Geist und Körper*
ren di tian Dao shen xian ti	*Heilige haben vier Hauptebenen oder Stufen: Heilige der Menschen, Heilige der Mutter Erde, Heilige des Himmels und Heilige des Dao*
fu wu xiu lian cai ke pan	*Bedingungsloser Dienst ist der einzige Weg, um die Treppe des Himmels und des Tao zu erklimmen*

In einem Satz:

Da Yuan Man, Größte Erleuchtung,
ist das ultimative Ziel und die Vollendung der
der eigenen spirituellen und physischen Reise.

ꕤ ꕤ ꕤ

Shi Da, die Zehn Größten Qualitäten, sind die Natur der Tao Quelle sowie die Weisheit und Kraft der Quelle, um jeden Aspekt des Lebens zu transformieren, einschließlich Gesundheit, Beziehungen, Finanzen und der spirituellen Reise.

Die Tao Kalligrafie trägt ein Feld der Quelle, das die Liebe und das Licht der Quelle, die Frequenz und die Schwingung der Quelle, die positivste Information, Energie und Materie der Quelle, die unbegrenzten Fähigkeiten der Quelle und die höchste Kraft der Seele über die Materie der Quelle umfasst, die negative Information, Energie und Materie in jedem Aspekt des Lebens transformieren kann.

Im nächsten Kapitel werde ich Sie anleiten, die Tao Kalligrafie *Da Ai* Feld anzuwenden, um jeden Aspekt des Lebens zu transformieren.

9

Transformation durch das Feld der Tao Kalligrafie

ICH WILL NOCHMALS betonen, dass das Tao:

- der ultimative Schöpfer und die Quelle ist
- die Liebe und das Licht der Quelle trägt
- die Frequenz und Schwingung der Quelle trägt
- die positivsten Informationen, Energie und Materie enthält, die jeden Aspekt des Lebens verändern können, einschließlich Gesundheit, Beziehungen, Finanzen und die spirituelle Reise
- die Quelle unendlicher Fähigkeiten trägt
- die höchste Seele ist, die welche die höchste Kraft der Seele über die Materie hat. Seele über Materie ist Seelenerfülltsein, was bedeutet, dass die Seele Dinge geschehen lassen kann. Weil Tao der ultimative Schöpfer und die Quelle ist, hat es die höchste Seelenkraft, um jeden Aspekt des Lebens zu transformieren

Kalligrafie ist Kunst.

Die Tao Kalligrafie ist die Kunst des Einsseins mit der Quelle, die ein Tao Quellefeld als physische Präsenz des Tao auf Mutter Erde schafft und trägt. In Kapitel elf wird Dr. Peter Hudoba einige Schlüsselergebnisse der medizinischen Forschung teilen, die er über das Transformative Kunstfeld der Tao Kalligrafie durchgeführt hat, um Ihnen zu helfen, die Wirksamkeit des Tao Kalligrafie Feldes für die Transformation von Gesundheitszuständen klar zu verstehen.

Tao Kalligrafie *Da Ai* Feld

Im vorigen Kapitel habe ich Ihnen das *Da Ai* Feld der Tao Kalligrafie vorgestellt, das ich in Abbildung 7 dargestellt habe. Ich habe Sie gebeten, zwanzig Minuten lang mit diesem Feld zu üben, um eine Bitte zu erfüllen. In diesem Kapitel werde ich Sie anleiten, das Tao Kalligrafie *Da Ai* Feld anzuwenden, um Gesundheit, Beziehungen, Finanzen und die spirituelle Reise zu transformieren.

Tao Kalligrafie *Da Ai* Feld Transformiert die Gesundheit für den physischen Körper

Wenden wir die Sechs Krafttechniken an.

Körperkraft

Körperkraft bedeutet, Körperhaltungen und Handpositionen zur Heilung einzusetzen.

Setzen Sie sich aufrecht hin, mit freiem Rücken und den Füßen flach auf dem Boden. Legen Sie eine Handfläche auf Ihren Nabel und die andere Handfläche auf eine Körperstelle, an der Sie Heilung, Transformation, Prävention oder Verjüngung wünschen.

Seelenkraft

Seelenkraft ist die Anwendung von Seele über Materie oder Seelenerfülltsein, indem wir innere Seelen in unserem Körper und äußere Seelen außerhalb unseres Körpers anrufen. Ich habe der Seelenkraft vor mehr als fünfzehn Jahren den Namen „Sag Hallo Heilung und Transformation" gegeben.

Sagen Sie „Hallo" zu den inneren Seelen:

Liebe Seele, Herz, Geist und Körper (oder *Shen Qi Jing*)
meines _________ (nennen Sie das System, das Organ, den Teil oder den Bereich des Körpers oder den körperlichen Gesundheitszustand, für den Sie Heilung wünschen[5]),
ich liebe dich, ehre dich und wertschätze dich.
Du hast die Kraft, dich sich selbst zu heilen.
Mache deine Sache gut!
Danke!

Sagen Sie den äußeren Seelen „Hallo":

Liebes Tao Kalligrafie Da Ai *Feld,*

---

[5] Einige Beispiele: mein Herz, mein Atmungssystem, meine Knie, mein unterer Rücken, mein Bluthochdruck, mein Brustkrebs, meine Migräne, usw. Jedes physische System, jedes Organ, jeder Teil oder Bereich des Körpers, jeder Schmerz, jede Zyste, jeder Tumor, jede Krankheit oder jeder körperliche Zustand kann benannt werden.

Liebe Tao Quelle,
Liebes Göttliches,
All meine lieben spirituellen Väter und Mütter, Engel, Führer und Beschützer,
ich liebe euch, ehre euch und wertschätze euch.
Bitte gebt mir eine Heilung für meine(n) _________ (wiederholen Sie Ihre Bitte).
Ich bin sehr dankbar.
Dankeschön.

Wenn Sie um Vorbeugung von Krankheit oder um Verjüngung bitten möchten, ersetzen Sie einfach das Wort „Heilung" mit diesen Worten (oder fügen Sie sie hinzu).

Atemkraft, Geisteskraft, Klangkraft und Kraft des Tao Kalligrafie Feldes

Atemkraft, Geisteskraft, Klangkraft und Kraft des Tao Kalligrafie Feldes sind die übrigen vier der Sechs Krafttechniken.

Für die Atemkraft werden wir die altehrwürdige geheime Atemübung namens xi qing hu zhuo 吸清呼浊 verwenden, die ich im vorigen Kapitel (Seite 85) vorgestellt habe. Erinnern Sie sich bitte daran, dass xi qing bedeutet, *positives Shen Qi Jing einzuatmen* und hu zhuo bedeutet, *negatives Shen Qi Jing auszuatmen*. Wir alle wissen, dass das Leben ein Ein- und Ausatmen ist. Sauerstoff einatmen und Kohlendioxid ausatmen.

Wir kombinieren die Xi Qing Hu Zhuo Atemkraft Technik mit der Kraft des Tao Kalligrafie Feldes. Diese wegweisende Verbindung ist viel kraftvoller als die ursprüngliche Atemtechnik, weil das Tao Kalligrafie Feld ein höchst positives Shen Qi Jing Feld (Informations Energie Materie Feld) ist.

Xi qing bedeutet, die positive Information, Energie und Materie des *Da Ai* Tao Kalligrafie Feldes einzuatmen. Halten Sie das *Da Ai* Tao Kalligrafie Feld in Abbildung 7 vor sich, wenn Sie die Übungen in diesem Kapitel durchführen, die es verwenden.

Kombinieren Sie nun die Atemkraft und die Tao Kalligrafie Feldkraft mit der Geisteskraft.

Während Sie tief und langsam einatmen, stellen Sie sich vor, dass goldenes Licht aus dem *Da Ai* Tao Kalligrafie Feld zu dem Teil oder Bereich des physischen Körpers kommt, für den Sie um Heilung gebeten haben, und sich dort sammelt. Dieses goldene Licht trägt die positivste Information, Energie und Materie des *Da Ai* Kalligrafie Feldes.

Zum Schluss fügen Sie die Klangkraft hinzu.

Chanten Sie beim Ausatmen *Da Ai* (sprich: *da ei*) und stellen Sie sich vor, wie das goldene Licht von dem Bereich, für den Sie um Heilung gebeten haben, in alle Richtungen ausstrahlt und Ihren ganzen Körper erfüllt, während Sie negative Informationen, Energie und Materie ausatmen.

Üben Sie weiter. Am besten ist es, wenn Sie mindestens zehn bis zwanzig Minuten jedesmal üben. Sie können mehrmals am Tag üben. Tatsächlich gibt es keine zeitliche Begrenzung für diese Übungen. Bei chronischen Schmerzen und lebensbedrohlichen Zuständen sollten Sie insgesamt ein bis zwei Stunden pro Tag üben. Der Nutzen könnte unvorstellbar groß sein.

Tao Kalligrafie *Da Ai* Feld Transformiert Gesundheit für den Emotionalkörper

Jeder kann Heilung, Transformation, Vorbeugung und Verjüngung für den physischen Körper nutzen. Lesen Sie daher den vorangegangenen Abschnitt, üben Sie fleißig, und, was am wichtigsten ist, tun Sie es!

Um die Sechs Krafttechniken zur Transformation der Gesundheit des Emotionalkörpers zu verwenden, d.h. um unausgewogene Emotionen zu reduzieren, zu entfernen und zu verhindern, modifizieren Sie einfach die in der vorherigen Übung (Transformation der Gesundheit des physischen Körpers) verwendete Gedankenkraft wie folgt:

Bei Wut visualisieren Sie das goldene Licht, das sich beim Einatmen in und um die Leber sammelt und beim Ausatmen von der Leber in alle Richtungen ausstrahlt und negatives Shen Qi Jing freisetzt.

Bei Angstzuständen oder Depressionen visualisieren Sie das goldene Licht, das sich in und um Ihr Herz sammelt.

Wenn Sie sich Sorgen machen, visualisieren Sie das goldene Licht, das sich in und um Ihre Milz sammelt.

Bei Traurigkeit oder Kummer visualisieren Sie das goldene Licht, das sich in und um Ihre Lungen sammelt.

Wenn Sie Angst haben, stellen Sie sich vor, dass sich das goldene Licht in und um Ihre Nieren sammelt.

Bei anderen unausgewogenen Emotionen, wie Schuld oder Scham, visualisieren Sie das goldene Licht, das sich in und um Ihr Herz sammelt.

Diese Leitlinien beruhen auf der Fünf Elemente Lehre der traditionellen chinesischen Medizin. Ich werde später in diesem Kapitel etwas mehr über die Fünf Elemente Lehre erklären.

Tao Kalligrafie *Da Ai* Feld Transformiert Gesundheit für den mentalen Körper

Für den Mentalkörper können Sie sich Heilung, Transformation oder Vorbeugung für Themen wie negative Einstellungen, negative Geisteshaltungen, negative Überzeugungen, Ego, Anhaftungen oder andere mentale Zustände wünschen.

Folgen Sie dem Muster der Übung für den physischen Körper weiter oben in diesem Kapitel. Für die Geisteskraft visualisieren Sie das goldene Licht aus dem *Da Ai* Tao Kalligrafie Feld, das sowohl zum Herzen als auch zum Gehirn gelangt. Das Herz beherbergt den Geist und die Seele.

Tao Kalligrafie *Da Ai* Feld Transformiert Gesundheit für den spirituellen Körper

Gesundheit für den spirituellen Körper zu transformieren bedeutet, negative Informationen, Energie und Materie zu transformieren, die die eigene spirituelle Reise blockieren. Dazu können Themen wie mangelnder Glaube, mangelndes Vertrauen, Zweifel, mangelnde Disziplin, Widerstand aller Art und vieles mehr gehören.

Folgen Sie dem Muster der Übung für den physischen Körper weiter oben in diesem Kapitel. Für die Geisteskraft visualisieren Sie goldenes Licht aus dem *Da Ai* Tao Kalligrafie Feld, das zum Herzen kommt.

Üben Sie diese und die früheren Übungen mindestens zehn Minuten jedesmal, zwei- bis dreimal täglich. Bei chronischen oder lebensbedrohlichen Zuständen sollten Sie insgesamt zwei Stunden pro Tag üben. Tatsächlich gibt es keine zeitliche Begrenzung. Ich kann nicht genug betonen, dass das Leben ein Ein- und Ausatmen ist. Sie können viele Stunden am Tag üben, vor allem, wenn Sie eine schwere oder lebensbedrohliche Krankheit haben. Schlagen Sie jedes Mal, wenn Sie üben, das Buch auf um mit Abbildung 7 zu üben.

Geduld und Ausdauer sind wichtig. Wir haben weltweit Tausende von herzberührenden und bewegenden Ergebnissen erzielt. Ich wünsche jedem von Ihnen, dass Sie den größtmöglichen Nutzen daraus ziehen können.

Üben. Üben. Üben.
Heilen. Heilen. Heilen.
Transformieren. Transformieren. Transformieren.
Stellen Sie Ihre Gesundheit so schnell wie möglich wieder her.

Tao Kalligrafie *Da Ai* Feld Transformiert Beziehungen

Das Tao Kalligrafie Transformationsfeld ist ein Quellefeld, ein Quantenfeld mit unbegrenzter positiver Information, Energie und Materie und unbegrenztem Potenzial. Deshalb kann das Tao Kalligrafie Feld jeden Aspekt des Lebens, einschließlich Beziehungen, heilen und transformieren.

Nur wenige Menschen haben ausschließlich perfekte Beziehungen voller Liebe, Frieden und Harmonie. Viele Menschen haben einige Herausforderungen in ihren Beziehungen. Einige Menschen haben heftige Herausforderungen in ihren Beziehungen.

Wenden Sie die Sechs Krafttechniken an, um negative Informationen, Energie und Materie in einer oder mehreren Beziehungen umzuwandeln.

Körperkraft

Setzen Sie sich aufrecht hin, mit freiem Rücken und flach auf dem Boden stehenden Füßen. Sie können auch aufrecht stehen und die Füße schulterbreit auseinander stellen. Legen Sie eine Handfläche auf Ihren Nabel und die andere Handfläche auf Ihr erstes Energiechakra (Wurzelchakra) am unteren Ende Ihres Unterkörpers. Das erste Energiechakra ist wichtig für Beziehungen. Siehe Abbildung 9 zur Lage des ersten Chakras.

Seelenkraft

Sagen Sie „Hallo" zu den inneren Seelen:

Liebe Seele, Herz, Geist und Körper (oder *Shen Qi Jing*) *meiner Beziehung zu* _________ (Name der Person oder Personen),
ich liebe dich, ehre dich und wertschätze dich.
Du hast die Kraft, dich selbst zu heilen und zu transformieren.
Mache deine Sache gut.
Dankeschön.

Sagen Sie den äußeren Seelen „Hallo":

Liebe/r _________ (Name der Person oder Personen),
ich liebe dich/euch, ehre dich/euch und wertschätze dich/euch.
Wir haben einige Herausforderungen in unserer Beziehung.
Wir haben die Kraft, unsere Beziehung zu heilen und zu verändern.
Ich vergebe dir.
Du vergibst mir.
Bring Liebe, Frieden und Harmonie.

Liebes Tao Kalligrafie Da Ai *Feld,*
Liebe Tao Quelle,

Liebes Göttliches,
Liebe spirituelle Väter und Mütter, Engel, Führer und Beschützer der anderen Person,
ich liebe euch, ehre euch und wertschätze euch.
Bitte gib uns den Segen, meine Beziehung zu _________ (nenne die Person(en) noch einmal) *zu heilen und zu transformieren.*
Ich bin sehr dankbar.
Dankeschön.

Atemkraft, Geisteskraft, Klangkraft und Kraft des Tao Kalligrafie Feldes

Verwenden Sie die Xi Qing Hu Zhuo (Positives einatmen, Negatives ausatmen) Atemtechnik. Schlagen Sie das Buch bei Abbildung 7 auf und atmen Sie die positive Information, Energie und Materie des *Da Ai* Tao Kalligrafie Feldes ein. Während Sie einatmen, stellen Sie sich bitte vor, wie das goldene Licht des *Da Ai* Tao Kalligrafie Feldes zu Ihrem ersten Energie Chakra kommt und sich dort sammelt.

Während Sie ausatmen, chanten Sie *Da Ai* und visualisieren das goldene Licht, das von Ihrem ersten Energie Chakra in alle Richtungen ausstrahlt und Ihren ganzen Körper erfüllt, während Sie negative Informationen, Energie und Materie aus dieser Beziehung ausatmen.

Üben Sie weiterhin mindestens zehn Minuten pro Mal. Sie können mehrmals am Tag üben. Tatsächlich gibt es keine zeitliche Begrenzung für diese Übung.

Tao Kalligrafie *Da Ai* Feld Transformiert Finanzen

Wenden Sie die Sechs Krafttechniken an, um negative Informationen, Energie und Materie in Ihren Finanzen umzuwandeln.

Körperkraft

Setzen Sie sich aufrecht hin, mit freiem Rücken und flach auf dem Boden stehenden Füßen. Sie können auch aufrecht stehen und die Füße schulterbreit auseinanderstellen. Legen Sie eine Handfläche über Ihren Nabel und die andere Handfläche direkt darunter, über Ihr zweites Energie Chakra im Unterbauch. Das zweite Chakra ist wichtig für die Finanzen. Siehe Abbildung 9 zur Lage des zweiten Chakras.

Seelenkraft

Sagen Sie „Hallo" zu den inneren Seelen:

Liebe Seele, Herz, Geist und Körper (oder *Shen Qi Jing*) *meiner Finanzen,*
ich liebe euch, ehre euch und wertschätze euch.
Ihr habt die Kraft, euch selbst zu heilen und zu transformieren.
Macht eure Sache gut!
Dankeschön.

Sagen Sie den äußeren Seelen „Hallo":

Liebes Tao Kalligrafie Da Ai *Feld,*

Liebe Tao Quelle,
Liebes Göttliches,
All meine lieben spirituellen Väter und Mütter, Engel, Führenden und Beschützer,
ich liebe euch, ehre euch und wertschätze euch.
Bitte gib mir den Segen, meine Finanzen zu heilen und zu transformieren.
Ich bin sehr dankbar.
Dankeschön.

Atemkraft, Geisteskraft, Klangkraft und die Kraft des Tao Kalligrafie Feldes

Wenden Sie die Xi Qing Hu Zhuo (Positives einatmen, Negatives ausatmen) Atemkrafttechnik an. Schlagen Sie das Buch bei Abbildung 7 auf und atmen Sie die positive Information, Energie und Materie des *Da Ai* Tao Kalligrafie Feldes ein. Während Sie einatmen, stellen Sie sich bitte vor, wie das goldene Licht des *Da Ai* Tao Kalligrafie Feldes zu Ihrem zweiten Energie Chakra kommt und sich dort ansammelt.

Während Sie ausatmen, chanten Sie *Da Ai* und visualisieren das goldene Licht, das von Ihrem zweiten Chakra in alle Richtungen ausstrahlt und Ihren ganzen Körper erfüllt, während Sie negative Informationen, Energie und Materie aus Ihren Finanzen ausatmen.

Üben Sie weiterhin mindestens zehn Minuten pro Übungseinheit. Sie können mehrmals am Tag üben. Tatsächlich gibt es keine zeitliche Begrenzung für diese Übung.

Zhong Mai Heilung und Transformation

Es gibt eine altehrwürdige geheime Weisheit und Praxis zur Heilung und Transformation des physischen, emotionalen, mentalen und spirituellen Körpers. In der Tat kann diese geheime Weisheit und Anwendung helfen, jeden Aspekt des Lebens zu heilen und zu transformieren, einschließlich Beziehungen und Finanzen. Sie wird Zhong Mai Heilung und Transformation genannt. Zhong bedeutet *zentral*. Mai bedeutet *Meridian*.

Der Zhong Mai ist ein vertikaler Kanal in der Körpermitte, der von der Unterseite des Unterkörpers bis zur Oberseite des Kopfes verläuft. Er beginnt am Akupunkturpunkt Hui Yin und endet am Akupunkturpunkt Bai Hui. Der Hui Yin Akupunkturpunkt befindet sich am unteren Ende des Unterkörpers. Er liegt zwischen dem Anus und den äußeren Genitalien auf dem Dammbereich. Der Bai Hui Akupunkturpunkt befindet sich in der Mitte auf der Oberseite des Kopfes. Stellen Sie sich eine Linie vor, die von der Mitte der Oberseite des Kopfes zwischen der linken und rechten Seite verläuft. Stellen Sie sich nun eine Linie vor, die die Spitzen Ihrer Ohren verbindet und quer über Ihren Kopf verläuft. Der Akupunkturpunkt Bai Hui liegt am Schnittpunkt dieser beiden Linien.

Diese beiden Akupunkturpunkte (siehe Abbildung 9) spielen eine wichtige Rolle beim Ausgleich von Yin und Yang. Der Hui Yin Punkt absorbiert die Energie von Mutter Erde. Der Bai Hui Akupunkturpunkt nimmt die Energie des Himmels auf. Mutter Erde ist Yin. Der Himmel ist Yang. Seit fünftausend Jahren gilt in der traditionellen chinesischen Medizin der Grundsatz, Yin und Yang auszugleichen, als oberstes Heilprinzip.

Yang ist die Natur des Feuers. Feuer ist heiß, aufsteigend und aufregend. Yin ist das Wesen des Wassers. Wasser ist kühl, absteigend und ruhig. Jedes System, jedes Organ, jede Zelle und jeder Teil des Körpers sind in Yin und Yang unterteilt. Zum Beispiel ist die Rückseite des Körpers Yang, die Vorderseite des Körpers ist Yin. Der obere Teil des Körpers ist Yang, der untere Teil ist Yin. Die Außenseite des Körpers ist Yang, die Innenseite ist Yin.

Auch die inneren Organe des Körpers werden nach der in der traditionellen chinesischen Medizin verwendeten Fünf-Elemente-Theorie in Yin und Yang eingeteilt. Die wichtigsten Yin-Yang-Organpaare sind:

- Holzelement: Leber-Gallenblase
- Feuerelement: Herz-Dünndarm
- Erdelement: Milz-Magen
- Metallelement: Lunge-Dickdarm
- Wasserelement: Nieren-Harnblase

In Abbildung 8 teile ich einige zusätzliche grundlegende Weisheiten der Fünf-Elemente-Theorie für den physischen Körper, den Emotionalkörper und mehr.[6]

---

[6] Mehr über die Fünf-Elemente-Theorie erfährt man in meinem Buch *Wunder der Seelenheilung: Altehrwürdige und neue heilige Weisheiten, Erkenntnisse und praktische Techniken für die Selbstheilung des spirituellen, mentalen, emotionalen und physischen Körpers* (mvg Verlag, 2014).

Element	Yin Organ	Yang Organ	Sense	Körper Gewebe
Holz	Leber	Gallenblase	Augen Sehen	Sehnen Nägel
Feuer	Herz	Dünndarm	Zunge Geschmack	Blut Gefäße
Erde	Milz	Magen	Mund Lippen Sprache	Muskeln
Metall	Lunge	Dickdarm	Nase Geruch	Haut
Wasser	Nieren	Blase	Ohren Hören	Knochen Gelenke

Element	Unausgewogene Emotionen	Ausgewogene Emotionen	Körperflüssigkeit	Finger
Holz	Wut	Geduld	Tränen	Zeigefinger
Feuer	Depression Ängste Erregbarkeit	Freude	Schweiß	Mittelfinger
Erde	Sorge	Liebe Mitgefühl	Speichel	Daumen
Metall	Kummer Traurigkeit	Mut	Schleim	Ringfinger
Wasser	Furcht	Gelassenheit	Urin	Kleiner Finger

Abbildung 8. Theorie der Fünf Elemente

Die Weisheit geht tiefer. Jedes Organ ist in Yin und Yang unterteilt. Auch jede Zelle ist in Yin und Yang unterteilt. Das Yin Yang Gleichgewicht ist heilend. Überschüssiges oder unzureichendes Yin verursacht Krankheit. Übermäßiges oder unzureichendes Yang verursacht ebenfalls Krankheit.

Der Zhong Mai verläuft durch sieben große Energiezentren oder Chakren und ist mit ihnen verbunden. In der traditionellen Tao Lehre werden sie genannt:

1. Energie Chakra: 海地轮 Rad auf dem Grund des Ozeans
2. Energie Chakra: 水轮 Wasser-Rad
3. Energie Chakra: 日轮 Sonnen-Rad
4. Energie Chakra: 火轮 Feuer-Rad
5. Energie Chakra: 风轮 Wind-Rad
6. Energie Chakra: 月轮 Mond-Rad
7. Energie Chakra: 天轮 Himmels-Rad

Dies sind die zentralen Räume im Körper. Siehe Abbildung 9.

Der Zhong Mai verläuft auch durch den San Jiao, das im Englischen oft als Dreifacher Erwärmer bezeichnet wird. Er besteht aus drei großen Räumen im Körper. Der untere Jiao ist der Raum im Unterbauch unterhalb des Nabels. Der mittlere Jiao ist der Raum zwischen dem Nabel und dem Zwerchfell. Der obere Jiao ist der Raum oberhalb des Zwerchfells. Siehe Abbildung 10.

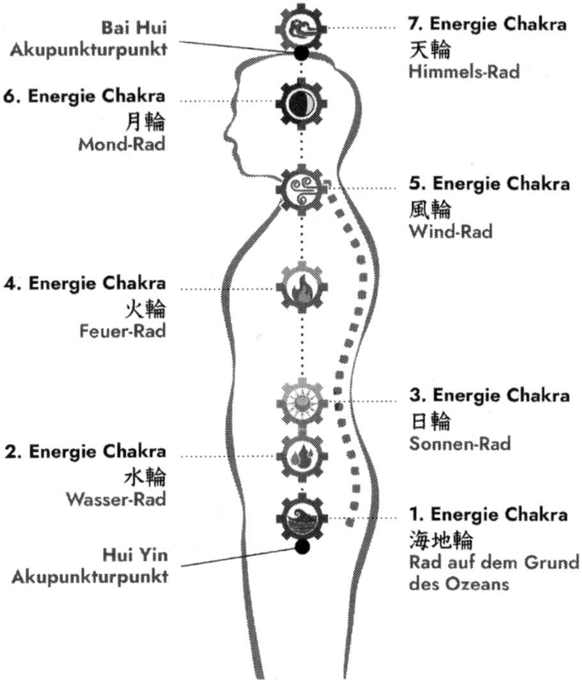

Abbildung 9. Sieben Energie Chakren oder Räder

In der traditionellen chinesischen Medizin bezeichnet San Jiao den Weg des Qi und der Körperflüssigkeiten.

中脉一通, 百脉通
zhong mai yi tong, bai mai tong
Wenn der zentrale Meridian frei fließt, fließen alle Meridiane frei.

三焦畅通, 百病消除
san jiao chang tong, bai bing xiao chu
Wenn San Jiao frei fließt, werden alle Krankheiten entfernt.

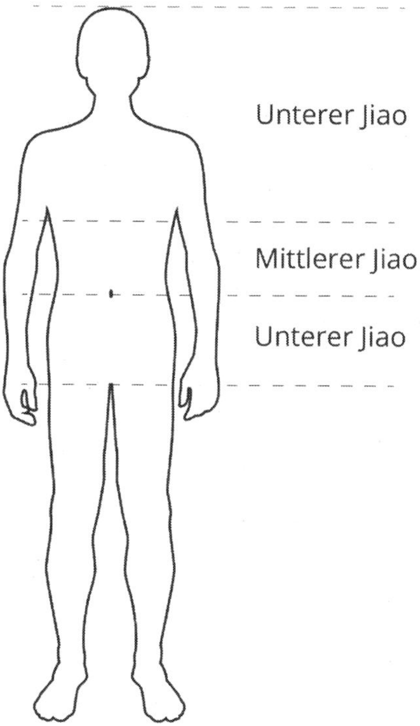

Abbildung 10. San Jiao

Damit der zentrale Meridian ungehindert fließen kann, müssen Blockaden in allen sieben Energie Chakren oder Rädern[7] entfernt werden. Blockaden sind negatives Shen Qi Jing. Jedes Energie Chakra steht in enger Verbindung mit verschiedenen Aspekten unserer Seele, unseres Herzens, unseres Geistes und unseres Körpers. Zum Beispiel

---

[7] Anmerkung der Übersetzerin: „Chakra" bedeutet in Sanskrit „Rad".

steht das dritte Chakra oder das Sonnen-Rad in Verbindung mit dem Holzelement, einschließlich der Leber, der Gallenblase, der Augen, der Sehnen und der Wut, und mit dem Wasserelement, einschließlich der Nieren, der Harnblase, der Ohren, der Knochen, der Gelenke und der Angst, während das sechste Chakra oder das Mond-Rad sehr wichtig für die Entwicklung der geistigen Intelligenz ist.

Alle sieben Energie Chakren oder Räder zusammen sind mit jedem Aspekt unserer Seele, unseres Herzens, unseres Geistes und unseres Körpers verbunden. Deshalb gilt: zhong mai yi tong, bai mai tong. Das bedeutet: *Wenn der zentrale Meridian frei fließt, fließen alle Meridiane frei*. Es ist wichtig, die sieben Energie Chakren und den Zhong Mai zu heilen und zu transformieren, um alle Aspekte unserer Seele, unseres Herzens, unseres Geistes und unseres Körpers zu heilen und zu transformieren.

San jiao chang tong, bai bing xiao chu (*wenn San Jiao frei fließt, werden alle Krankheiten entfernt*) sagt uns, dass es auch für alle anderen Heilungen und Transformationen wichtig ist, das negative Shen Qi Jing im San Jiao zu heilen und zu transformieren.

Was ist der beste Weg, um die sieben Energie Chakren, den Zhong Mai und den San Jiao zu heilen und zu transformieren?

Gibt es eine Möglichkeit, die sieben Energie Chakren, den Zhong Mai und den San Jiao gemeinsam zu heilen und zu transformieren?

Meine Antwort lautet: *Ja*! Es ist mir eine Ehre, diesen geheimen und heiligen Weg im nächsten Abschnitt zu teilen.

Qi Kanal

Der Qi Kanal ist der wichtigste Energiekanal im Körper. Der Qi Kanal beginnt am Hui Yin Akupunkturpunkt, geht den Zhong Mai hinauf zum Bai Hui Akupunkturpunkt, wendet sich dann nach unten durch den Hinterkopf und vor der Wirbelsäule, durch den Wai Jiao, und kehrt zum Hui Yin Akupunkturpunkt zurück. Siehe Abbildung 11.

Der Wai Jiao ist der größte Raum im Körper. Es ist der Raum am Hinterkopf und vor der gesamten Wirbelsäule. Siehe Abbildung 11. San Jiao und Wai Jiao überschneiden sich teilweise, so dass sie eng miteinander verbunden sind. Genauer gesagt ist San Jiao (unterer, mittlerer und oberer) wie drei Flüsse, und Wai Jiao ist der Ozean, in den sie fließen. Wenn der San Jiao blockiert ist, wird auch der Wai Jiao blockiert sein. Wenn also der Wai Jiao frei ist, wird auch der San Jiao frei sein. Erinnern Sie sich an die altehrwürdige Weisheit: san jiao chang tong, bai bing xiao chu (*wenn San Jiao frei fließt, werden alle Krankheiten entfernt*).

Der Qi Kanal verbindet die sieben Energie Chakren oder Räder, den Zhong Mai und den Wai Jiao. Daher gibt es einen Weg, die sieben Energie Chakren, den Zhong Mai und den San Jiao gemeinsam zu heilen und zu transformieren. Was ist der Weg? In einem Satz:

Den Qi Kanal zu heilen und zu transformieren bedeutet, die sieben Energie Chakren, den Zhong Mai, den San Jiao und den Wai Jiao zusammen zu heilen und zu transformieren, was die Heilung und Transformation des physischen Körpers, des emotionalen Körpers, des mentalen Körpers, des spirituellen Körpers, der Beziehungen, der Finanzen und jedes Aspekts des Lebens unterstützt.

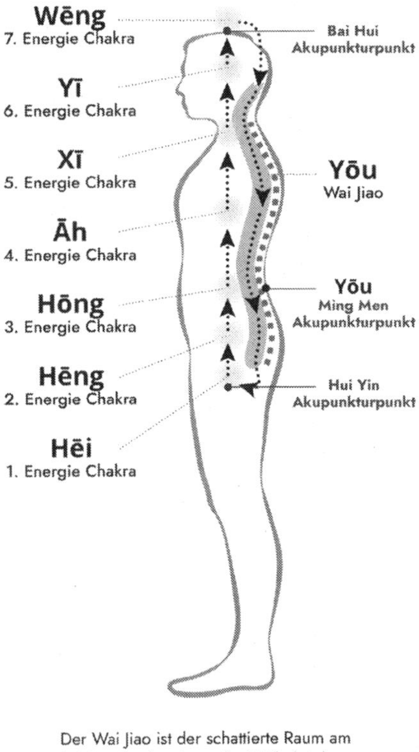

Abbildung 11. Qi Kanal und Wai Jiao

Wie kann man den Qi Kanal heilen und transformieren?

Ich erhielt geheime und heilige Mantren von der Quelle für die sieben Energie Chakren oder Räder und Wai Jiao. Siehe Abbildung 11.

- Das geheime Mantra für das 1. Energie Chakra ist Hei (sprich: *hey*).
- Das geheime Mantra für das 2. Energie Chakra ist Heng (ausgesprochen: *hang*).
- Das geheime Mantra für das 3. Energie Chakra ist Hong (ausgesprochen *hong*).
- Das geheime Mantra für das 4. Energie Chakra ist Ah (ausgesprochen: *ah*).
- Das geheime Mantra für das 5. Energie Chakra lautet Xi (ausgesprochen: *shi*).
- Das geheime Mantra für das 6. Energie Chakra ist Yi (ausgesprochen: *ji*).
- Das geheime Mantra für das 7. Energie Chakra ist Weng (ausgesprochen: *wong*).
- Das geheime Mantra für Wai Jiao ist You (ausgesprochen: *jo*).

Daher lautet das geheime und heilige Mantra für den Qi Kanal:

Hei Heng Hong Ah Xi Yi Weng You

Für wahre Heilung und Transformation jedes Körperteils chanten Sie dieses Mantra dreimal am Tag, jeweils zehn

Minuten. Ich habe eine Animation erstellt, in der Sie mit mir chanten können. Sie können auch Geisteskraft anwenden, um die in der Animation gezeigten Visualisierungen durchzuführen.

Sie können die Animation der Mantren Übung für den Qi Kanal über diesen QR-Code ansehen:

oder auf dieser Website: **https://tchryb.heavenslibrary.com**

Um die besten Ergebnisse zu erzielen, denken Sie daran, die Seelenkraft mit der Sag Hallo Technik und Transformation anzuwenden, bevor Sie mit dem Chanten beginnen:

Sagen Sie „Hallo" zu den inneren Seelen:

> *Lieber Qi Kanal, sieben Energie Chakren, Zhong Mai, San Jiao und Wai Jiao,*
> *ich liebe euch.*
> *Ihr habt die Kraft, euch selbst zu reinigen und zu stärken.*
> *Macht eure Sache gut!*
> *Dankeschön.*

Sagen Sie den äußeren Seelen „Hallo":

Liebe Animation und das geheime, heilige Mantra für den Qi Kanal,
ich liebe euch, ehre euch und wertschätze euch.
Bitte reinigt und stärkt meinen Qi Kanal und alles, was auf seinem Weg liegt.
Ich bin sehr dankbar.
Dankeschön.

Dann singen Sie — mit oder ohne die Animation — zehn Minuten oder länger.

Tatsächlich gibt es keine zeitliche Begrenzung für die in der Animation gezeigte Übung. Bei chronischen Schmerzen und lebensbedrohlichen Zuständen können Sie die Übung für den Qi Kanal ein bis zwei Stunden pro Tag durchführen. Der Nutzen könnte jenseits Ihres Vorstellungsvermögens liegen. Ich habe diese geheime Weisheit und Praxis angewandt, um viele herzberührende und erstaunliche Ergebnisse zu erzielen. Ich freue mich, dies als eines der höchsten Selbstheilungsgeheimnisse für die Menschheit zu veröffentlichen. Meine Botschaft der Heilung ist:

Ich habe die Kraft, mich selbst zu heilen.
Sie haben die Kraft, sich selbst zu heilen.
Gemeinsam haben wir die Kraft, die Welt zu heilen.

Die Förderung des Qi Flusses im Zhong Mai bedeutet die Heilung des gesamten Körpers.

Die Förderung des Qi Flusses im San Jiao bedeutet, den gesamten Körper zu heilen.

Die Förderung des Qi Flusses im Wai Jiao bedeutet, den gesamten Körper zu heilen.

Wenn man den Qi Fluss im Qi Kanal fördert, kann man noch schnellere und bessere Ergebnisse bei der Heilung des gesamten Körpers erzielen.

Wenn wir krank sind, brauchen wir Ärzte. Wir brauchen Fachleute im Gesundheitswesen. Ich unterstütze alle konventionellen und alternativen und komplementären Medikamente, alle Heilmethoden. Ich möchte nur, dass Sie und die Menschheit erkennen, dass der menschliche Körper über ein System zur Selbstheilung verfügt. Wir können es aktivieren. Wir dürfen erkennen, dass wir erstaunliche Heilungsmöglichkeiten haben, die unser Vorstellungsvermögen übersteigen. Ich wünsche jedem Leser, dass er meine Botschaft versteht und mehr praktiziert.

Üben. Üben. Üben.
Heilen. Heilen. Heilen.
Transformieren. Transformieren. Transformieren.
Stellen Sie Ihre Gesundheit so schnell wie möglich wieder her.

10

Heilen Sie Ihren Rücken mit dem Tao Kalligrafie Tao Bei Feld

SIE KÖNNEN VON der Tao Kalligrafie Transformierende Kunst Vorteile erfahren, die jenseits des Vorstellbaren liegen. Die Tao Kalligrafie Transformierende Kunst kann Ihnen helfen, Ihre Gesundheit, Beziehungen, Finanzen, die spirituelle Reise und jeden Aspekt des Lebens zu heilen und zu transformieren.

In diesem Kapitel konzentriere ich mich auf die Heilung und Transformation von Rückenschmerzen. Die Mehrheit der Menschheit leidet irgendwann in ihrem Leben unter erheblichen Rückenschmerzen. In Nordamerika sind bis zu siebzig bis achtzig Prozent der Menschen irgendwann davon betroffen.

Das Werkzeug der Transformierenden Kunst ist die Tao Kalligrafie *Tao Bei* 道背. Tao ist die Quelle. Bei bedeutet *Rücken*. Das *Tao Bei* Tao Kalligrafie Feld dehnt sich über den gesamten Rücken aus, vom Nacken bis zum Steißbein.

Die *Tao Bei* Tao Kalligrafie für Ihren Gebrauch befindet sich auf der Rückseite dieses Buches.

Üben wir uns darin, Heilung, Vorbeugung, Verjüngung und mehr vom *Tao Bei* Tao Kalligrafie Feld zu erhalten.

Wir werden die Technik Xi Qing Hu Zhuo Atemkraft anwenden, die ich in Kapitel acht vorgestellt habe. Dies ist die wichtigste Technik für die Heilung aller Krankheiten. Diese Technik wird in allen zukünftigen Büchern meiner Tao Kalligrafie Reihe verwendet werden.

Xi Qing Hu Zhuo (Positives einatmen, Negatives ausatmen) Übung für den Rücken

Wenden Sie die Sechs Krafttechniken an.

Körperkraft

Legen Sie die Tao Kalligrafie *Tao Bei* auf der Rückseite des Umschlags auf die Stelle Ihres Rückens, an der Sie Heilung wünschen.

Seelenkraft

Sagen Sie „Hallo" zu den inneren Seelen:

> *Liebe Seele, Herz, Geist und Körper* (oder *Shen Qi Jing*) *meines Rückens,*
> *ich liebe euch, ehre euch und wertschätze euch.*
> *Ihr habt die Kraft, euch selbst zu heilen.*
> *Macht eure Sache gut!*
> *Dankeschön.*

Sagen Sie den äußeren Seelen „Hallo":

Liebes Feld der Tao Kalligrafie Tao Bei,
Liebe Tao Quelle,
Liebes Göttliches,
Alle meine lieben spirituellen Väter und Mütter, Engel,
Führende und Beschützer,
ich liebe euch, ehre euch und wertschätze euch.
Bitte gebt mir Heilung für meinen Rücken.
Ich bin sehr dankbar.
Dankeschön.

Atemkraft, Geisteskraft, Klangkraft und Kraft des Feldes der Tao Kalligrafie

Atmen Sie ein und visualisieren Sie das goldene Licht des *Tao Bei* Tao Kalligrafie Feldes auf der Rückseite des Buchumschlages. Dieses Licht sammelt sich in dem Bereich des Rückens, für den Sie Heilung wünschen.

Singen Sie beim Ausatmen *Tao Bei* (ausgesprochen *dao bey*) oder *Tao Rücken* oder *Tao Kalligrafie Feld* und visualisieren Sie das goldene Licht, das in alle Richtungen strahlt, während Sie negative Informationen, Energie und Materie von Ihrem Rücken ausatmen.

Sie können die Animation der Praxis mit der *Tao Bei* Tao Kalligrafie durch diesen QR-Code zu sehen:

oder auf dieser Website: **https://tchryb.heavenslibrary.com**

Setzen Sie die Einatmungs- und Ausatmungspraxis fort. Am besten ist es, wenn Sie mindestens zehn Minuten pro Einheit üben. Sie können mehrmals am Tag üben. Tatsächlich gibt es keine zeitliche Begrenzung für diese Übung. Bei chronischen Schmerzen sollten Sie mehrmals am Tag üben, so dass Sie insgesamt ein bis zwei Stunden pro Tag üben können. Der Nutzen könnte unvorstellbar groß sein.

Die *Tao Bei* Tao Kalligrafie auf dem hinteren Umschlag dieses Buches ist diejenige, die ich im Januar 2022 während einer Heilungssitzung geschrieben habe, die für Hunderte von Menschen auf der ganzen Welt im Internet übertragen wurde. Ich freue mich, einige der zahlreichen Berichte über die Erfahrungen der Teilnehmer zu teilen, während und nachdem wir gemeinsam im Tao Kalligrafie *Tao Bei* Feld geübt haben. Viele Menschen erlebten das Tao Kalligrafie Feld sogar, während ich diese Tao Kalligrafie schrieb.

Ich wünsche Ihnen von Herzen, dass Sie das Tao Kalligrafie *Tao Bei* Feld zur Heilung, Vorbeugung, Verjüngung und Verlängerung der Lebensdauer Ihres Rückens nutzen.

Viele Menschen auf der ganzen Welt haben durch das Tao Kalligrafie *Tao Bei* transformierende Feld bereits eine tiefgreifende Veränderung ihrer Rückenschmerzen (und sogar von anderen Problemen als dem Rücken) erfahren. Mögen Sie inspiriert werden, das Tao Kalligrafie Feld weiter zu nutzen. Das Tao Kalligrafie Feld Transformative Kunst ist hier und jetzt für Sie verfügbar.

Schockiert von meiner Erfahrung mit Tao Kalligrafie Transformative Kunst

Ich lebe in Vancouver, British Columbia. Als examinierte Krankenschwester habe ich als Forschungsassistentin an einer Universität, im OP (einschließlich Transplantationsteam) und auf der Neugeborenenstation gearbeitet.

Ich habe als Kind viele körperliche und emotionale Traumata erlitten. Ich hatte als Kind einen Fahrradunfall mit einer schweren Gehirnerschütterung, drei schwere Autounfälle und andere Vorkommnisse, die Traumata an meinem Kopf und meiner Wirbelsäule verursachten. Seit Jahrzehnten leide ich unter zahlreichen Langzeitsymptomen eines Schleudertraumas, darunter chronische Schmerzen und Steifheit in Nacken und Schultern, Schwindel, Taubheit, Schwäche und Kribbeln in den Beinen sowie Schlafstörungen.

Ich habe letzte Woche an einer Heilungsveranstaltung mit Tao Kalligrafie Transformierender Kunst teilgenommen und war so begeistert, als Master Sha die Tao Bei *Tao Kalligrafie zur Heilung und Transformation des Rückens kreierte. Als er uns zu einer Xi Qing Hu Zhuo Atemübung mit der Kalligrafie anleitete, wurde mein Nacken sehr warm und ich spürte lichtvolle Hände in diesem Bereich. Nach der Übertragung fühlte ich Freiraum und Leichtigkeit in meinem Rücken und Nacken.*

Eine Woche später bin ich immer noch sehr beeindruckt von meiner Erfahrung mit der Tao Bei Feldheilung. Ich kann meinen Rücken, meine Schultern und meinen Nacken wieder voll spüren und bewegen. Nachdem ich seit meiner Kindheit unter Rückenverletzungen gelitten habe, fühlt sich die friedliche Energie in meinem Rücken und in meinem ganzen Körper wie ein mächtiger, treuer Freund an, der mir auf liebevolle Weise „den Rücken freihält". Ich fühle mich wunderbar.

Ich bin Master Sha und dem Feld der Tao Bei *Tao Kalligrafie Transformierender Kunst für diese bemerkenswerte Heilung zutiefst dankbar.*

— Marie Hope

Lähmende Rückenschmerzen beseitigt

Ich habe als Büroangestellte, Schriftsetzerin, Mitarbeiterin in der Notaufnahme und als Verwaltungsassistentin in einem Familienunternehmen gearbeitet. Ich bin seit ein paar Jahren verwitwet und habe eine Tochter und zwei Söhne, die inzwischen erwachsen sind.

Ich war mein ganzes Leben lang eine spirituell Suchende, eine unersättliche Leserin und Schülerin zahlreicher Modalitäten, einschließlich Quantum Touch, Melchizedek-Methode, Quick Pulse Training und den drei Stufen der Reiki-Ausbildung sowie der Zertifizierung. Ich traf Master Sha 2006 auf dem Wesak Festival in Mt. Shasta, Kalifornien. Ich bin jetzt eine spirituelle Heilerin und lebe in Illinois, USA.

Ich hatte einige Tage lang starke Schmerzen im unteren Rücken, bevor ich an einem Webcast mit Master Sha teilnahm. Als er die Tao Bei *Tao Kalligrafie erschuf und jeden damit verband, waren die Schmerzen in meinem Rücken innerhalb weniger Minuten vollständig verschwunden.*

Jetzt, fast zwei Wochen später, sind die lähmenden Schmerzen in meinem unteren Rücken nicht mehr zurückgekehrt. Ich bin so dankbar!

— Teresa Anton

Quantenheilung bei Rückenschmerzen

Ich bin in einer wunderschönen südkalifornischen Stadt namens Fallbrook aufgewachsen. Als ich neunzehn Jahre alt war, zog ich mit meiner Familie auf die Insel Hawaii. Ich bin eine alleinerziehende Mutter von fünf Kindern und eine Großmutter von zwei der liebsten Enkelkinder. Während ich in Mountain View auf der Insel Hawaii lebte, arbeitete ich viele Jahre lang als zertifizierte Pflegehelferin, die sich auf die Pflege von Alzheimer-Demenzkranken spezialisiert hatte.

Im Jahr 2017 begann ich, zwischen Hawaii und Arizona zu pendeln, um neue Arbeitsmöglichkeiten zu finden. Auf meinen Arbeitsreisen landete ich im Bereich der Verhaltensmedizin für

Menschen, die mit schwerer Drogen- und Alkoholabhängigkeit zu kämpfen haben. Ich wusste, dass ich mehr Menschen helfen wollte, also ging ich zurück in die Schule und absolvierte kürzlich das Southwest Institute of Healing Arts in Tempe (Institut heilender Künste), Arizona, mit einem Diplom als Beraterin für integrierte Heilkunst. Ich habe Zertifizierungen als professionelle Lebensberaterin und zertifizierte intuitive Beraterin, und ich habe einen Bachelor in Theologie, um als spiritueller Lebensberaterin und interreligiöse Geistliche zu arbeiten. Meine Leidenschaft im Leben ist es, Menschen zu helfen, die mit Süchten zu kämpfen haben und denen, die das Gefühl haben, die Hoffnung verloren zu haben. Ich möchte durch meine berufliche / spirituelle Lebensberatung dazu beitragen, die Herzen zu öffnen, damit sie wieder Liebe empfinden können.

Ich habe seit Jahren immer wieder Probleme mit meinem Rükken. In den letzten Wochen hatte ich starke Rückenschmerzen, eine 8 auf einer Skala von 1 bis 10. Ich hatte Schwierigkeiten beim Sitzen und Stehen, weil ich schmerzhafte Krämpfe im oberen Rücken hatte.

Ich habe am 11. Januar 2022 an einer Tao Kalligrafie Sitzung mit Master Sha teilgenommen. Während der Heilung mit der Tao Bei *Tao Kalligrafie spürte ich, wie viele Blockaden meinen Rücken verließen. Während der gesamten Sitzung spürte ich eine kühle Brise, die sich durch meinen Rücken bewegte, ein gewisses Kribbeln und manchmal auch ein wenig Hitze. Jetzt, mehr als 24 Stunden später, fühle ich mich immer noch großartig. Der Schmerz ist völlig verschwunden, und ich kann immer noch spüren, wie sich die Energie in meinem Rücken bewegt. Das ist ein tolles Gefühl!*

— Taube Johnson

Ich kann mehr tun und erreichen

Ich war in der Zellstoff- und Papierindustrie als Messtechnikerin / Elektrikerin tätig. Ich bin verheiratet, habe Geschwister und lebe in Oregon, USA.

In den letzten zwanzig bis dreißig Jahren hatte ich drei schwere Verletzungen: Beton, der mir auf den Kopf fiel, ein schlimmer Sturz auf Eis und ein weiterer Sturz, der sich auf meine Knie, Hüfte, Schulter und mehr auswirkte. Diese Unfälle beeinträchtigten meine Fähigkeit, ohne Schmerzen zu stehen, zu gehen und auf Leitern zu steigen. Selbst einfache Hausarbeiten waren eine Herausforderung.

Wir leben auf einem großen Grundstück, auf dem viel Arbeit anfällt. Ich war es gewohnt, im Hof, auf der Weide und im Garten zu arbeiten, aber es fiel mir schwer, auch nur nach draußen zu gehen, ohne Schmerzen zu haben, und ich musste mich hinsetzen, um den Druck auf meinen Rücken zu verringern.

Ich konnte nicht mehr in meinem jahrzehntelang ausgeübten Beruf arbeiten, der viel schweres Heben, das Besteigen von Leitern und Treppen und manchmal auch eine ungünstige Ergonomie erforderte, so dass ich vorzeitig in den Ruhestand ging und in meinen Möglichkeiten eingeschränkt bin. Ich habe mein ganzes Leben lang körperlich gearbeitet, daher ist es sehr einschränkend, wenn ich mich nicht mehr frei bewegen kann. Es hat mir immer Spaß gemacht, anderen zu helfen, und die Schmerzen und die Unfähigkeit, anderen zu helfen, haben mein Leben unvollständig gemacht.

Kürzlich nahm ich an einer Tao Kalligrafie Transformierende Kunst Sitzung mit Master Sha teil, in der er eine Tao Bei *Kalligrafie (Tao Rücken) schrieb und damit allen Teilnehmern eine Heilung anbot. Mit dieser Heilung verschwanden meine Schmerzen im unteren Rücken sofort und seither kann ich länger stehen und mehr tun und erreichen. Früher musste ich beim Geschirrspülen oder Staubsaugen eine Weile stehen und sitzen bleiben, um meine Rückenschmerzen zu lindern.*

Am nächsten Tag hatte ich einen Termin beim Chiropraktiker. Er hat immer meinen unteren Rücken und meinen Nacken angepasst, aber zum ersten Mal brauchte er diese Anpassungen nicht vorzunehmen. Meine Beinlänge war normalerweise um einen halben bis dreiviertel Zoll zu lang, aber bei diesem Besuch war sie weniger als einen Achtel Zoll zu lang. Das ist eine enorme Verbesserung.

Ich bin Master Sha sehr dankbar für seinen totalen, vollständigen und bedingungslosen Dienst, um der Menschheit die Transformative Kunst der Tao Kalligrafie zu bringen.

— Patricia LeClair

Enorme Schmerzlinderung in zwei Tagen

Ich lebe in Jerusalem und habe als Archäologin gearbeitet. Aufgrund von Arthritis in der Wirbelsäule, den Hüften und den Knien habe ich die Archäologie aufgegeben. Danach habe ich mit verschiedenen Heilmethoden gearbeitet, um anderen und mir selbst zu helfen. Jetzt habe ich ein Praxis für Seelenheilung.

Ich habe seit mindestens sechs Jahren Schmerzen in der Mitte der Wirbelsäule. Die Schmerzen erreichten zeitweise die Stufe 10 auf einer Skala von 1–10. Ich musste mit allem, was ich gerade tat, aufhören und mich mit Kissen hinsetzen, um den Schmerz langsam loszuwerden. Ich habe verschiedene Methoden ausprobiert, um meine Rückenschmerzen zu lindern, aber nichts hat geholfen.

Ich habe kürzlich an einer Tao Kalligrafie Transformierende Kunst Sitzung mit Master Sha per Webcast teilgenommen. Nachdem ich eine selbstheilende Atemübung mit der Tao Kalligrafie Tao Bei *gemacht hatte, gingen meine Schmerzen deutlich zurück. Als ich am nächsten Tag aufwachte, fühlte ich mich frei in dem Bereich, in dem ich früher Schmerzen hatte. Am nächsten Tag übte ich erneut mit der* Tao Bei *Kalligrafie und erhielt eine weitere große Übertragung: Meine Schmerzen gingen um neunzig Prozent zurück. Das ist eine enorme Verringerung in nur zwei Tagen. Es ist unfassbar.*

Seit ein paar Tagen fühle ich mich in diesem Bereich wohl und frei. Ich danke Ihnen, Master Sha. Ich bin sehr dankbar.

— Noura Barakat

Mehr als kraftvolle Übertragungen

Ich lebe in Bareilly, einer kleinen Stadt in Uttar Pradesh in Indien. Ich bin Hausfrau und Künstlerin, die traditionelle indische Gemälde anfertigt. Meine Familie besteht aus meinem Mann, meiner Schwiegermutter, meiner Tochter und einem Hund. Ich bin ein zertifizieter Tao Hands Practitioner und fühle mich gesegnet, dass ich meiner Familie und meinen Freunden während der Pandemie mit meinen Tao Hands helfen konnte.

Ich habe seit sieben Jahren chronische Rückenschmerzen. Vor kurzem habe ich mir einen Muskel im oberen Rücken gezerrt und hatte starke Schmerzen. Auf einer Skala von 1 bis 10 waren es 9. Wegen der Schmerzen konnte ich mich nicht gut bewegen. Die Schmerzmittel hatten nur eine geringe Wirkung. Ich musste einen Malerauftrag für mein Unternehmen abschließen und mich um meine sechsjährige Tochter kümmern, aber wegen der starken Schmerzen war es fast unmöglich, irgendetwas zu tun.

Letzte Woche spendete Master Sha mit der von ihm geschriebenen Tao Bei *Tao Kalligrafie heilende Übertragungen. Das war ein großes Geschenk für mich. Ich beendete meine Tagesarbeit mit großen Schwierigkeiten und setzte mich zur Sitzung von Master Sha mit Tränen in den Augen wegen der Schmerzen, die ich hatte. Nach der Sitzung fühlte ich mich, als hätte ich einen nagelneuen Rücken ohne Schmerzen. Ich fühle mich auch energiegeladener, und selbst nach langen Arbeitsstunden habe ich keine Schmerzen mehr.*

Die Tao Kalligrafie Transformierende Kunst ist mehr als kraftvoll.

Ich danke Ihnen, Master Sha. Größte Dankbarkeit für diese Heilung.

— Ritu Mehta

Große Hoffnung auf vollständige Genesung

Ich wohne in Alphen aan den Rijn, einer Stadt mit 75.000 Einwohnern in der Mitte der vier großen Städte (Amsterdam, Rotterdam, Den Haag und Utrecht) im Westen der Niederlande.

Von 1974–1984 nahm ich mit der niederländischen Synchronschwimm-Nationalmannschaft an internationalen Wettkämpfen, Europameisterschaften und Weltmeisterschaften teil. Ich erhielt viele Medaillen in Duett- und Gruppenwettbewerben und nahm 1984 an den ersten Olympischen Spielen für Synchronschwimmen in Los Angeles teil. Ich habe einen Universitätsabschluss in Chemie mit Schwerpunkt Mathematik und arbeitete für ein multinationales Unternehmen in der angewandten Forschung und Produktentwicklung. Jetzt arbeite ich hauptsächlich an mündlichen und schriftlichen Übersetzungen von Bildungs- und Werbematerialien ins Niederländische.

Seit meiner letzten Schwangerschaft vor über zwanzig Jahren habe ich Schmerzen im unteren Rückenbereich, die von 2 bis 8 reichen, wobei 10 am schmerzhaftesten ist. Ich war nicht mehr in der Lage, haushaltsnahe Tätigkeiten zu verrichten und Sport zu treiben, was meine Stimmung stark beeinträchtigte, da Sport immer ein wichtiger Teil meines Lebens gewesen war.

Ein- bis zweimal im Jahr hatte ich starke, stechende Rückenschmerzen und war in meinen Bewegungen stark beeinträchtigt. Es konnte Wochen dauern, bis ich mich erholt hatte. Mit den Techniken der Seele über die Materie von Master Sha haben diese Anfälle seit etwa acht Jahren aufgehört, aber einige Schmerzen blieben bei bestimmten Bewegungen. Wie viele

Menschen mit chronischen Schmerzen habe ich mich daran gewöhnt und gelernt, bei meinen Aktivitäten damit umzugehen.

Ein paar Mal im Jahr wird mein unterer Rücken allmählich steifer und schmerzhafter, und ich gehe zu meinem Shiatsu-Therapeuten, um mir helfen zu lassen. Diese Woche war mein Rücken wieder so steif und schmerzhaft, dass ich einen Shiatsu-Termin machen wollte. Dann schrieb Master Sha die Tao Kalligrafie Tao Bei *und verband uns mit ihrem Feld. Meine Rückenschmerzen gingen sofort um etwa fünfzig Prozent zurück. Am nächsten Morgen waren die Schmerzen völlig verschwunden, und nur bei extremer Dehnung spürte ich noch ein wenig Steifheit. Das ist bemerkenswert!*

Ich bin so begeistert von diesem Heilergebnis und kann es kaum erwarten, dass das neue Buch von Master Sha veröffentlicht wird, damit ich jederzeit Zugang zur Tao Kalligrafie Tao Bei *habe, wenn ich sie brauche. Ich habe große Hoffnung auf eine vollständige Genesung. Tiefste Dankbarkeit gegenüber dem Tao Kalligrafie* Tao Bei *Feld der Transformierenden Kunst.*

— Catharina Eyken

Enorme Erleichterung durch Tao Bei Übertragung

Ich bin ein siebenundzwanzigjähriger Tai-Chi-Lehrer in Toronto, Kanada. Seit acht Jahren studiere und praktiziere ich täglich leidenschaftlich Meditation im Zen-Stil und Tai Chi.

Seit einigen Monaten habe ich immer wieder Schmerzen und starke Muskelverspannungen im unteren Rücken, die meine Beweglichkeit und meine alltäglichen Aktivitäten beeinträchtigen.

Am meisten schmerzt es, wenn ich längere Zeit stehe, eine längere Strecke gehe oder sogar Einkäufe trage. Ich habe viele Methoden ausprobiert, um Linderung zu erzielen, aber die Ergebnisse waren nur vorübergehend.

Ich habe vor kurzem während einer Online-Veranstaltung eine Übertragung für den Rücken durch die Tao Bei *Kalligrafie von Master Sha erhalten. In dem Moment, in dem Master Sha begann, die* Tao Bei *Kalligrafie zu schreiben, begannen sich die Schmerzen in meinem Rücken aufzulösen und ich spürte eine angenehme Wärme und ein Kribbeln in meinem unteren Rücken. Die Verspannungen und Verkrampfungen in meinen Muskeln begannen sich zu lösen, und ich spürte ein dekomprimierendes Gefühl um meine Wirbelsäule. Das war eine große Erleichterung. Innerhalb weniger Minuten lösten sich alle Schmerzen in meinem Rücken auf!*

Jetzt sind einige Tage vergangen und mein Rücken ist immer noch völlig schmerzfrei. Ich bin erstaunt und so dankbar für diese enorme Heilung. Ich kann mich frei bewegen, ohne mir Sorgen um meinen Rücken machen zu müssen. Meinem Rücken geht es sogar so gut, dass ich ihn in meinem täglichen Leben vergessen habe.

Vielen Dank, Master Sha. Ich bin so dankbar für Tao Kalligrafie Transformierende Kunst.

— Zakota Nesbitt

Außergewöhnliches Heilwerkzeug

Ich komme ursprünglich aus Berlin, Deutschland, lebe aber seit fast sechs Jahren in Schweden. Ich bin Psychologin und Yogalehrerin. Ich habe meine eigene Praxis und arbeite als spirituelle Lehrerin und Heilerin, wo ich alle Modalitäten kombiniere, die ich gelernt habe, einschließlich Psychologie, Yoga, Tao Wissenschaft und mehr, und biete persönliche Beratungen, Kurse, Workshops, Retreats und Programme zur Selbsttransformation an. Mein Schwerpunkt liegt auf der Gesundheit von Frauen und Beziehungen. Ich liebe es auch, mit Kindern zu arbeiten und Start-up-Unternehmen zu unterstützen.

Ich liebe es zu schreiben, zu tanzen, zu malen und in der Natur zu sein. Ich gehe gerne wandern und verbringe Zeit im Wald und sammle natürliche Heilmittel aus der Natur. Ich liebe es auch zu essen und bereite daher viel gesundes Essen zu. Ich liebe es, neue Weisheiten zu studieren, und die Weisheiten von Master Sha gehören immer zu meinen Favoriten.

Ich leide seit vielen Jahren an Rückenschmerzen, die mich auf einen tiefen Weg der Selbstheilung gebracht haben. Meine chronischen Rückenschmerzen liegen auf Stufe 7 auf einer Skala von 1 bis 10. Manchmal fällt es mir schwer, aus dem Bett aufzustehen oder mich zu bücken, was viele Aktivitäten des täglichen Lebens erschwert: Geschirrspüler einräumen, Wäsche waschen, Gartenarbeit, Dinge heben und Schnee schaufeln. Der Schmerz beeinträchtigt jeden Aspekt meines Lebens. Es ist auch schwierig für mich, Yoga zu praktizieren oder zu unterrichten, da meine Bewegungen eingeschränkt sind und einige sehr schmerzhaft sind.

Um meine Rückenschmerzen zu lindern, habe ich im Laufe der Jahre alle möglichen Heilmethoden ausprobiert und alles angewandt, was ich in Psychologie und Yoga gelernt habe, sowie das, was ich über Ernährung und das Gleichgewicht des Körpers mit natürlichen Mitteln gelernt habe. Jeden Morgen setze ich mich mindestens dreißig Minuten lang auf ein Heizkissen, trage heilende Öle auf und praktiziere Selbstheilung, um mich zu bewegen. Die Methode, die mir immer am meisten geholfen hat, ist die Seele über Materie Heiltechnik von Master Sha, insbesonders die Tao Kalligrafie Transfomierende Kunst. Die Anwendung der Tao KalligrafieTransfomierende Kunst bringt mir oft sofortige Schmerzlinderung, selbst in Situationen, in denen sehr starke Schmerzmittel nicht helfen.

Heute Morgen wachte ich mit Schmerzen im unteren Rücken auf Stufe 8 auf. Am Abend konnte ich an einer Tao Kalligrafie Transfomierenden Kunst Heilungssitzung mit Master Sha teilnehmen. Mit der Übertragung durch die Tao Bei *Tao Kalligrafie und der Atemübung „Positives einatmen und Negatives ausatmen" erfuhr ich nach nur zwanzig Minuten eine tiefgreifende Linderung meiner chronischen Rückenschmerzen. Ich spürte eine starke Hitze und Energiebewegung in meinem unteren Rücken. An einem Punkt spürte ich einen sehr starken Schmerz im unteren Rücken und kurz darauf im oberen Rücken zwischen den Schulterblättern. Es fühlte sich an, als ob scharfe Blockaden gelöst worden sind. Damit verschwanden auch die Steifheit und die Verspannungen in meinem gesamten Rücken. Ich spürte eine enorme Erleichterung in meiner oberen Rückenmuskulatur. Der Bereich entspannte sich und er ist jetzt weicher.*

Ich bin zutiefst dankbar für diese sehr tiefgreifende und schnelle Besserung. Ich werde weiterhin die von Master Sha empfohlenen Übungen durchführen und ich freue mich darauf, mit Hilfe der wunderschönen Tao Bei *Tao Kalligrafie im nächsten Buch von Master Sha bald völlig schmerzfrei zu sein. Ich habe tiefes Vertrauen, dass ich mit diesem außergewöhnlichen Werkzeug geheilt werden kann.*

— Magdalena Kusch

Kunst kann heilen!

Ich bin ein aktiver und energiegeladener Siebzigjähriger, der zur Fortbewegung und Entspannung Fahrrad fährt. Ich lebe in New York City mit meinem Mann und Partner seit fünfzig Jahren, den ich kennengelernt habe, als wir beide Broadway-Darsteller waren. Wir teilen unser Haus mit unserem kleinen Hund, Shen. Ich bin seit 1980 mit einer privaten Akupunkturpraxis selbstständig und gehörte zu einer kleinen Gruppe von Akupunkteuren in New York, die sich viele Jahre lang für die Anerkennung und Zulassung der Akupunktur als Beruf einsetzten. In den späten 1990er Jahren war ich Präsident der National Acupuncture Organization (AAOM) und hatte die Gelegenheit, mit Vertretern aus aller Welt zusammenzukommen, um Standards für die Praxis festzulegen. Mein Interesse an der chinesischen Medizin, dem Buddhismus und der taoistischen Philosophie zieht sich wie ein roter Faden durch mein Leben.

Im Jahr 2004 hatte ich einen Unfall. Ich hatte eine nicht diagnostizierte Bandscheibenvorwölbung in der Wirbelsäule und erhielt eine starke manuelle Anpassung, bei der ich Sterne sah! Etwa drei Stunden später konnte ich buchstäblich nicht mehr sitzen, stehen oder gehen. Mein Körper brach einfach in sich zusammen, als ich versuchte, mich zu bewegen. Es stellte sich heraus, dass bei der Einstellung ein Stück der Bandscheibe abgebrochen war, das sich zwischen zwei Wirbeln festgesetzt hatte. Ich suchte einen Chirurgen auf, der mir riet, zu warten und nichts zu tun, weil er glaubte, dass mein Körper das Material schließlich entfernen und sich selbst heilen würde. Ich verbrachte zwei Monate flach auf dem Rücken liegend und weitere drei Monate mit extremen Schmerzen. Seitdem habe ich ständig Beschwerden, die an guten Tagen bei 2 bis 3 von 10 Punkten liegen, aber an vielen anderen Tagen im Bereich von 5 bis 7. Akupunktur und Qi Gong haben mir geholfen, meine Rückenschmerzen in den Griff zu bekommen, aber nie mit einer dauerhaften Wirkung. Außerdem begann sich vor etwa drei Jahren eine Skoliose in meiner Wirbelsäule abzuzeichnen.

Am Tag einer Tao Kalligrafie Transformierende Kunst Heilungssitzung mit Master Sha, letzte Woche, fühlte ich mich besonders unwohl. Während der Tao Bei Tao Kalligrafie Selbstheilungs Atemübung und der Übertragung fühlte ich eine leichte Kühle in meinem Rücken, aber es gab keine unmittelbare Veränderung der Beschwerden, die ich erlebte. Etwa fünf Stunden später waren die Schmerzen und das Unbehagen völlig verschwunden. Es ist wirklich erstaunlich, dass Kunst heilen kann!

Am nächsten Abend verspürte ich ein leichtes Flüstern im Rükken. Ich legte mich hin, verband mich mit der Tao Bei *Tao Kalligrafie und sang. Ich spürte ein kühles Gefühl in meiner Wirbelsäule. Die Wirbelsäule schien sich zu strecken, anzupassen und zu entspannen. Mein Rücken ist seit der Heilsitzung so gut wie schmerzfrei. Es gab ein paar Momente mit leichtem Unbehagen, aber sobald ich es bemerke, halte ich inne, verbinde mich mit der* Tao Bei *Kalligrafie in meinem Geist, und das Unbehagen verschwindet.*

Ich bin unglaublich dankbar für diese Heilung und für Tao Kalligrafie Transformierende Kunst.

— Robbee Fian, L.Ac.

Alle Symptome in meinem Nacken, Rücken und meiner Hüfte sind verschwunden.

Ich habe zwei Kinder, einen neunundzwanzigjährigen Sohn und eine sechsundzwanzigjährige Tochter. Meine Eltern leben getrennt. Ich habe einen Bruder und eine Schwester. Ich habe fast zehn Jahre lang als Ergotherapeut in einem Zentrum für körperliche Rehabilitation für Erwachsene gearbeitet. Ich gehe gerne in der Natur spazieren, und meine Lieblingsbeschäftigung ist das Schreiben von Tao Kalligrafie. Ich wurde von der Kraft der Tao Kalligrafie angezogen, weil ich in meiner Arbeit erkannt habe, dass wir nicht alle Krankheiten vollständig heilen und behandeln können, insbesondere neurologische Krankheiten, für die es keine konventionelle Behandlung gibt.

Vor achtzehn Jahren bin ich bei der Arbeit gestürzt und habe seither manchmal Verspannungen oder Steifheit im Nacken verspürt. Vor ein paar Wochen hatte ich schwankende Rückenschmerzen. Vor zwei Wochen wurde ich positiv auf Covid getestet. Zusätzlich zum Covid taten mir die Muskeln und der untere Rücken weh, und auch meine rechte Hüfte schmerzte, was für mich neu war.

Nachdem ich Atemübungen gemacht und Fernheilung von Master Sha mit der Tao Bei *Tao Kalligrafie erhalten hatte, verschwanden alle Symptome. Nach der ersten Heilsitzung fühlte sich mein Nacken sehr flexibel und entspannt an. Nach der zweiten Heilsitzung waren auch meine Hüftschmerzen verschwunden. Bei der dritten Heilsitzung spürte ich eine Verschiebung der Wirbel an der Basis meines Halses. Meine Wirbelsäule fühlte sich buchstäblich so an, als ob sie wieder an ihren richtigen Platz zurückkehren würde. Einige Tage sind vergangen, und mein unterer Rücken schmerzt nicht mehr, selbst wenn ich mich nach vorne beuge.*

Ich verband mich mehrmals täglich mit der Tao Bei *Tao Kalligrafie und sang, um meine Heilung zu unterstützen. Meine Praxis war minimal im Vergleich zu der Heilung, die ich erhalten habe: alle Symptome in meinem Nacken, Rücken und meiner Hüfte sind verschwunden. Das ist verblüffend!*

Ich bin dem Feld der Tao Kalligrafie Transformierende Kunst und Master Sha sehr dankbar für diese außergewöhnliche Heilung.

— Gerd Geukens

Da die Transformative Kunst der Tao Kalligrafie ein Tao Quelle Feld mit Quell Liebe und -Licht und Quell Frequenz und -Schwingung trägt, ist die Heilung mit der *Tao Bei* Tao Kalligrafie nicht auf den Rücken beschränkt. Zum Beispiel hat die Person im letzten Bericht oben ihre Linderung von Nacken- und Hüftschmerzen beschrieben. Das

Quelle Feld ist ein Quantenfeld. Hier ist ein Bericht über eine tiefe Transformation bei Problemen, die nicht direkt mit dem Rücken zu tun haben, durch die Tao Kalligrafie *Tao Bei* Feld.

Wieder tief durchatmen nach dem Aufenthalt im Tao Kalligrafie Transformative Kunst Feld

Ich bin ledig, kinderlos, dreiunddreißig Jahre alt und lebe in Deutschland. Meine Familie hat Russland vor neunzehn Jahren verlassen, um in Deutschland zu leben. Meine Eltern sind verstorben. Ich arbeite als Laboratoriumsassistentin und habe mich schon immer für alternative und spirituelle Heilmethoden interessiert. Ich genieße es, spirituelle Praktiken auszuüben und bin auf meiner eigenen Reise als Tao Hands Practitioner.

Vor fast vier Wochen wurde ich positiv auf COVID-19 getestet und durchlebte eine schwierige Zeit mit Atembeschwerden, Husten, allgemeiner Schwäche und vielem mehr. Ich hatte einen Druck in der Lunge, der mir das Atmen bei voller Leistung sehr erschwerte. Ich hustete auch sehr viel und musste nachts einen Inhalator benutzen, um meine Bronchien zu öffnen. Aufgrund meiner Diagnose musste ich in Quarantäne gehen. Eine Freundin und meine Schwester unterstützten mich, indem sie mir Lebensmittel und anderes brachten. Die erste Woche der COVID-19-Infektion war sehr schwer zu überstehen.

Vor ein paar Tagen bin ich wieder zur Arbeit gegangen, hatte aber immer noch Schwierigkeiten, frei zu atmen und hatte das Gefühl, nicht genug Sauerstoff zu bekommen. Ich hustete immer noch, mein Körper fühlte sich schwach an, und ich war nach der Arbeit erschöpft. Ich hatte immer noch das Gefühl, dass meine

Lungen verstopft waren, und hatte auch nach einigen Stunden mit Maske Schwierigkeiten, mit voller Leistung zu atmen.

Gleich nachdem ich zur Arbeit zurückgekehrt war, bot Master Sha zwei große Tao Kalligrafie Sitzungen mit der Tao Bei *(Tao-Rücken) Kalligrafie an. Mein Rücken selbst war kein Problem für mich. Dennoch konnte ich spüren, wie die reine Energie und das Licht in meinen Körper eindrangen und Räume im Inneren öffneten. Es fühlte sich an, als ob eine leichte Brise in meine Lungen eindrang, und ich begann sofort, mehr Sauerstoff aufzunehmen und tiefer zu atmen. Der Druck in meiner Lunge ließ nach. Dann erlebte ich eine enorme Befreiung von alten Emotionen, die mit dem Verlust meiner Eltern zusammenhingen. (In der traditionellen chinesischen Medizin wird Trauer mit der Lunge in Verbindung gebracht).*

Am Tag nach dem Besuch des Tao Kalligrafie Tao Bei *Transformierenden Feldes fühlte ich mich viel energiegeladener und konnte mit normaler Kapazität atmen. Jetzt sind einige Tage vergangen, und ich musste nicht ein einziges Mal den medizinischen Inhalator benutzen. Ich habe mehr Energie und Ausdauer. Ich habe keine Kurzatmigkeit mehr, selbst wenn ich eine Maske trage. Wenn ich draußen bin und die kalte Winterluft einatme, spüre ich keine Enge mehr in der Lunge.*

Ich glaube, dass es für mich sehr schwierig gewesen wäre, ohne Zugang zu diesem Hochfrequenzfeld so schnell und vollständig zu genesen. Ich bin zutiefst dankbar für das Feld Transformierender Kunst der Tao Kalligrafie in dieser Zeit, in der so viele Menschen Heilung brauchen.

— Anastaja Schmidt

Ich danke jedem von Ihnen, der seine Geschichte geteilt hat, einschließlich der vielen anderen, deren Berichte nicht in diesem Buch enthalten sind. Ich bin erfreut, dass Sie großen Nutzen aus dem Tao Kalligrafie Transformationsfeld gezogen haben. Ich danke Ihnen für Ihre Dankbarkeit und Wertschätzung.

Ich bringe auch meine größte Dankbarkeit gegenüber der Tao Quelle, dem Feld der Tao Kalligrafie Transformierenden Kunst und allen, die mich ermächtigt haben, Ihr Diener zu sein, zum Ausdruck. Ich fühle mich geehrt, Ihnen zu dienen. Ich fühle mich geehrt, der Menschheit mit der Tao Kalligrafie Transformative Kunst zu dienen.

Ich liebe mein Herz und meine Seele
Ich liebe die ganze Menschheit
Vereinet Herzen und Seelen
Liebe, Frieden und Harmonie
Liebe, Frieden und Harmonie

11

Wissenschaftliche Forschung zur Transformation durch das Feld der Tao Kalligrafie von Peter Hudoba, M.D.

NACH DEM ERSTEN erfolg eines Forschungsprojekts mit Krebspatienten im Jahr 2001 gründete eine Gruppe von Ärzten und Psychologen die Sha Research Foundation (Sha Forschungsstiftung) in San Francisco, Kalifornien, um die Wirksamkeit von Seele über Materie Heilung oder einfach nur Seelenheilung zu dokumentieren.

In den vergangenen achtzehn Jahren haben eine Reihe von Klinikern und Forschern an verschiedenen Forschungsstudien teilgenommen. Von Anfang an hat die Sha Research Foundation dieselben strengen Standards angewandt, die auch bei klinischen Forschungsstudien an Universitäten zum Einsatz kommen. Dabei wurden konventionelle Forschungsdesigns und standardisierte, anerkannte Forschungsfragebögen zur Bewertung der Ergebnisse verwendet.

Die Forschungsteams der Sha Research Foundation haben neunzehn klinische Studien abgeschlossen, an denen insgesamt etwa sechshundertfünfzig Personen teilgenommen haben. Die Forschungsergebnisse zeigten durchweg eine Verbesserung in verschiedenen Aspekten des Wohlbefindens. In einigen Fällen hat sich die Krankheit der Probanden deutlich gebessert oder ist sogar ganz verschwunden. Einunddreißig Forschungsarbeiten, die auf diesen Studien basieren, wurden auf medizinischen Konferenzen weltweit vorgestellt.

Nachfolgend finden Sie Zusammenfassungen einiger unserer jüngsten Forschungsstudien im Zusammenhang mit der Tao Kalligrafie Transformative Kunst.

Chronische Schmerzen

In den Jahren 2019–2020 wurde unter der Leitung von Dr. Consuelo Fernandez eine klinische Forschungsstudie über chronische Schmerzen in einer Schmerzklinik in den Vereinigten Staaten durchgeführt. An der Studie nahmen zunächst einundfünfzig Patienten teil, von denen fünfundvierzig die Studie abschlossen. Die Patienten meditierten mit Tao Kalligrafie Transformative Kunst und sangen täglich durchschnittlich acht Minuten lang Mantren. Einige Probanden chanteten bis zu dreißig Minuten täglich.

Zur Messung der Veränderungen im Schmerzniveau der Probanden verwendete das Forschungsteam den McGill Pain Questionnaire (SF–MPQ), ein bewährtes Forschungsinstrument, das seit mehr als vier Jahrzehnten weltweit eingesetzt wird und als gültiges, zuverlässiges und sensibles multidimensionales Maß zur Bewertung von Schmerzen anerkannt ist.

In dieser Studie wurde eine statistisch signifikante Verbesserung der Schmerzintensität der Probanden dokumentiert. Es ist für mich recht interessant, dass selbst bei der begrenzten Meditationszeit der Probanden mit dem Tao Kalligrafie Feld eine statistisch signifikante Verbesserung ihrer Schmerzen zu verzeichnen war.

Die Ergebnisse der Studie wurden 2020 auf der AIHM (Academy of Integrative Health & Medicine) People Planet Purpose Annual Conference in San Diego, Kalifornien, und 2021 auf der SIO (Society for Integrative Oncology) International Conference in Baltimore, Maryland, vorgestellt.

Unipolare Depression

In den Jahren 2020–2021 leitete Dr. Katharina Balonwu eine klinische Forschungsstudie an einer psychologischen Klinik in Deutschland. An der Studie nahmen dreiundzwanzig Patienten teil, die Meditation mit dem Tao Kalligrafie Feld und dem Singen von Mantren anwendeten.

Zur Messung der Veränderungen bei unipolarer Depression (Schwere Depression) verwendete das Forschungsteam die Fragebögen BDI I, BDI II, PHQ–9, HAM–D und HAM–A. Dabei handelt es sich um Standardfragebögen, die von Klinikern und Forschern zur Bewertung von Depressionen sowohl für klinische als auch für Forschungszwecke verwendet werden. Alle Fragebögen dokumentierten eine statistisch signifikante Verbesserung der Depression, die bis zu siebenundsechzig Prozent betrug.

Die Studie wurde auf dem Höhepunkt der weltweiten Coronavirus-Pandemie durchgeführt. Es ist bekannt, dass die mit der Pandemie zusammenhängenden Umstände (wirtschaftliche Not, soziale Isolation, Herausforderungen in häuslichen Beziehungen, Angst, Furcht, Verlust von Angehörigen usw.) bei vielen Menschen weltweit bereits bestehende psychische Erkrankungen auslösten oder verschlimmerten. Man würde daher erwarten, dass es den Patienten in der Studie auch viel schlechter gehen würde. Im Gegenteil, den Patienten, die im Tao Kalligrafie Feld meditierten, ging es sogar um siebenundsechzig Prozent besser. Für mich ist dies der auffälligste Aspekt dieser Studie.

Die Ergebnisse der Studie wurden auf der Jahrestagung des Europäischen Kongresses für Integrative Medizin in London, Vereinigtes Königreich, im Jahr 2021 vorgestellt.

Brustkrebs

In den Jahren 2020–2021 wurde in den Vereinigten Staaten eine klinische Studie unter der Leitung von Dr. Magdalena Bright an Patientinnen mit Brustkrebs durchgeführt. An der Studie nahmen zunächst neunundfünfzig Patientinnen teil, von denen achtzehn die Studie abschlossen. Die Probandinnen meditierten im Tao Kalligrafie Feld und sangen Mantren, sowohl allein als auch in einer Gruppe mit anderen Probandinnen.

Um die Verbesserung des Wohlbefindens der Probanden zu messen, verwendete das Forschungsteam den bekannten EORTC Standardized Quality of Life Questionnaire (Standardisierter Fragebogen zur Lebensqualität) QLQ–C30, der seit vielen Jahren weltweit als zuverlässiges und valides Forschungsinstrument zur Bewertung der Lebensqualität von Krebspatienten eingesetzt wird und sich bewährt hat.

Im Verlauf der sechsmonatigen Studie erfuhren die Probanden eine statistisch signifikante Verbesserung ihres Wohlbefindens, was sehr ermutigend ist. Die Ergebnisse wurden 2021 auf der 16. internationalen Konferenz der Gesellschaft für integrative Onkologie vorgestellt: Advancing the Science and Art of Integrative Oncology (Förderung der Wissenschaft und Kunst der integrativen Onkologie) in Baltimore, Maryland, vorgestellt.

Als nächstes präsentieren wir eine Zusammenfassung des zweiten Vortrags, den Dr. Magdalena Bright und ihr Team, Joan Luk, L.Ac. und Michell Rudacille, gehalten haben. Diese Präsentation hat mich sehr berührt, da sie dokumentiert, wie die Anwendung des Tao Kalligrafie Feldes im klinischen Bereich nicht nur die Patienten, sondern auch die Gesundheitsdienstleister positiv beeinflusst. Möge er uns allen als große Inspiration dienen.

Hintergrund: Die Autoren beschreiben ihre persönlichen Erfahrungen bei der Durchführung von Forschungsarbeiten und der Leitung von Achtsamkeits Gruppensitzungen mit Brustkrebspatientinnen.

Hauptkonzept: Die Betreuung von Brustkrebspatientinnen ist mit Herausforderungen und Anforderungen verbunden, die bei Gesundheitsdienstleistern und Patientinnen häufig zu Burnout und Frustrationp führen. Berufliche Richtlinien, die Grenzen und Standardansätze beinhalten, und die klinische Forschung mit ihrem Eifer für Standardforschungsmethoden haben wesentliche Aspekte der menschlichen Interaktion reduziert. Die Betreuung von Krebspatienten führt zu physischem, psychologischem und emotionalem Stress bei Gesundheitsdienstleistern. Diese Faktoren können dazu führen, dass sich Krebspatienten einsam, isoliert und ängstlich fühlen. Kann die Achtsamkeitspraxis mit dem Tao Kalligrafie Feld die zwischenmenschliche Interaktion und Verbindung verbessern und die Zufriedenheit von Leistungserbringern und Patientinnen mit der Brustkrebsversorgung erhöhen? Drei Frauen führten eine Studie durch, in der sie integrative Medizin in Form von Achtsamkeitspraktiken mit Patientinnen, die eine konventionelle Brustkrebsbehandlung erhielten, verbanden.

Beschreibung: Das Krebsforschungsprojekt wurde als wichtiger Bestandteil einer Doktorarbeit durchgeführt. Zwei freiwillige Moderatoren und ein Forscher führten mit achtzehn Brustkrebspatientinnen sechs Monate lang fünfmal pro Woche Achtsamkeits Gruppensitzungen mit dem Tao Kalligrafie Feld und dem Singen von Mantren durch.

Die Forscherinnen und Moderatorinnen fühlten sich inspiriert und sahen einen Sinn in dem, was sie taten, um andere Frauen in schwierigen Situationen zu begleiten und zu unterstützen. Die menschliche Verbundenheit, Unterstützung, Liebe und Fürsorge schufen eine enge Kameradschaft innerhalb des Teams, die wirklich geschätzt wurde und das Herz berührte. Die Frauen, die an der Studie teilnahmen, hatten das Gefühl, dass sie ihre Gedanken, Ängste, Kämpfe und Erfolge offen mit der Gruppe teilen konnten, was ihnen auf ihrem Weg mit Brustkrebs sehr geholfen hat.

Bedeutsamkeit: Die Einbeziehung von Achtsamkeitspraktiken mit Tao Kalligrafie schuf ein positives Umfeld für die menschliche Verbindung, das im Wesentlichen zu einem Heilungsprozess sowohl für die Forscher als auch für die Patienten führte. Die Forscher fühlten sich verbunden und tief erfüllt, und die Versuchspersonen fühlten sich geliebt und umsorgt.

Abschließend präsentieren wir ein berührendes Zeugnis eines Probanden mit chronischen Kreuzschmerzen in seinen eigenen Worten, die leicht bearbeitet wurden, um die Identität des Probanden nicht zu verraten:

Ich bin ein (Alter entfernt) jähriger Mann. Ich hatte 2005 einen Unfall, bei dem ich mir den Rücken im Lendenbereich (L2) gebrochen habe, was zu einer Laminektomie mit L1, L2 und L3–Fusion der Lendenwirbelsäule führte, die durch ein Paar Titanstäben in meinem Rücken gesichert wurde. Der Unfall hat mich traumatisiert, und ich wurde wegen folgender Diagnosen behandelt: chronische Schmerzen, Depressionen und Angstzustände.

Vor dem Unfall war mein beruflicher Werdegang in vollem Gange. Meine Karriere wurde jedoch vor fünfzehn Jahren durch den Unfall abrupt unterbrochen, der meine Berufstätigkeit beendete und beinahe mein Leben beendet hätte. Die Rückkehr in denselben Status und in dieselbe Laufbahn war dem Schicksal überlassen und wurde auf andere verschoben. Nach diesem traumatischen Ereignis war nichts mehr so, wie es einmal war.

Obwohl das herkömmliche medizinische Behandlungsmodell, das ich in den anderthalb Jahrzehnten erhielt, erstaunlich hilfreich war und ich wirklich dankbar dafür bin, dass ich wieder zusammengesetzt wurde, war der Weg zur Genesung mühsam und voller anhaltender Herausforderungen durch Schmerzen und Leiden. Sie halfen mir bei meinen Kämpfen mit Rückenschmerzen, Depressionen und Angstzuständen. Ich hatte mit den vielen Mitteln der Schulmedizin und alternativen Methoden Fortschritte in meiner Genesung gemacht, aber ich litt weiterhin unter Schmerzen, Depressionen und Angstzuständen. Ich suchte weiter nach einer Lösung für meine schmerzhaften Zustände und wurde Dr. und Master Sha und seiner Gruppe von Heilern vorgestellt. Letztes Jahr nahm ich an der Forschungsstudie teil.

Seit meiner Einschreibung in das Tao Kalligrafie Forschungsprogramm im letzten Jahr habe ich die Tao Kalligrafie Heilmethode täglich praktiziert, zusammen mit wöchentlichen Fortschrittskontrollen und regelmäßiger Überwachung durch (Identifikatoren entfernt, da diese Studie noch läuft), der meine

Fortschritte auch regelmäßig mit Messinstrumenten überwacht hat. Seit ich an der Tao Kalligrafie Forschungsstudie teilnehme, haben sich meine Symptome in einem kurzen Zeitraum von nur einem Jahr sehr verbessert. Nicht nur meine Rückenschmerzen haben sich verringert auch meine Depressionen und meine Angstzustände haben sich gebessert sowie auch andere nervenbedingte Beschwerden. Vor dem Unfall vor fünfzehn Jahren hatte ich zum Beispiel täglichen Stuhlgang, aber seit der Schädigung des Spinalnervs ist mein Stuhlgang sehr unregelmäßig, langsam und träge geworden und findet eher wöchentlich als täglich statt. Der unerwartete zusätzliche Nutzen des Tao Kalligrafie Programms ist, dass sich die Häufigkeit meines Stuhlgangs auf zwei- bis dreimal pro Woche und in letzter Zeit auf drei- bis fünfmal pro Woche erhöht hat. Mein Energielevel ist gestiegen und liegt weit über dem von vor einem Jahr.

Wie ich schon sagte, sind meine Rückenschmerzen, Depressionen und Angstzustände viel besser geworden, sodass ich es kaum glauben kann. Es ist wirklich ein Wunder. Meine körperliche und seelische Genesung machte erhebliche Fortschritte, und ich habe so viel, wofür ich dankbar sein kann: meine Familie, Freunde, Kollegen, medizinische und alternative Ansätze, spirituelle Selbsthilfe usw.. Aber ich hatte immer noch Schmerzen und litt. Mein Status als leitender Angestellter wurde einige Monate vor meiner Teilnahme an der Forschungsstudie reduziert. Ich musste etwas tun. Was mich dazu brachte, die Tao Kalligrafie als Teil meiner Behandlung zu suchen, war ein Vortrag von Dr. und Master Sha und seine Übertragungen, an die ich mich noch von früher erinnerte. Ein Gefühl der Hoffnung, dass es eine sehr gute Möglichkeit für eine echte Heilung gibt, wurde wiederhergestellt.

Seit ich mich für das Tao Kalligrafie Programm angemeldet habe und es täglich praktiziere, mit wöchentlichen Folgesitzungen, habe ich mich im Laufe des letzten Jahres immer mehr verbessert. Meine Leistungen haben sich verbessert und ich habe weniger Krankheitstage auf der Arbeit als in den letzten fünfzehn Jahren. Vor dem Tao Kalligrafie Programm meldete ich mich nach Aussage meines Arbeitgebers zu oft krank. Das ist jetzt kein Thema mehr, und ich fühle mich viel besser. Ich schäme mich nicht mehr für mich selbst. Dank des Tao Kalligrafie Programms von Dr. und Master Sha habe ich eine Akzeptanz und ein Gefühl der Hoffnung wie nie zuvor. Ich danke Ihnen.

Es ist eine Freude und ein Privileg, Forschungen mit Master Shas Tao Kalligrafie, dem Feld Transformativer Kunst und der Seelenkraft durchzuführen. Im Laufe der Jahre haben sich viele begabte und wunderbare Fachleute und unterstützende Teams der Sha Research Foundation angeschlossen, um an unseren Studien mitzuarbeiten. Nichts wäre erreicht worden ohne die Hunderte von Versuchspersonen, die unsere Arbeit mit ihrem Herzen und ihrer Hingabe unterstützt haben. Wir sind ihnen allen unendlich dankbar. Vor allem aber können wir Master Sha nicht genug danken, der all diese „Wunder" möglich gemacht hat.

Wenn Sie sich die Präsentationen im Detail ansehen oder mehr über die Sha Research Foundation erfahren möchten, besuchen Sie bitte www.ShaResearchFoundation.com.

Fazit

ICH HABE EINEN Traum, dass die Menschheit der Selbstheilung mehr und mehr Aufmerksamkeit schenkt. Ich ehre alle Mediziner und alle alternativen und komplementären Medikamente sowie alle Möglichkeiten, unsere Gesundheit und unser Glück zu verbessern.

Die Botschaft, die ich der Menschheit immer mitteile, lautet:

Ich habe die Kraft, mich selbst zu heilen.
Sie haben die Kraft, sich selbst zu heilen.
Gemeinsam haben wir die Kraft, die Welt zu heilen.

Ich habe chinesische Energie- und spirituelle Heilung studiert, einschließlich Tai Chi, Qi Gong, Gong Fu, I Ging und Feng Shui, sowie westliche Medizin und traditionelle chinesische Medizin. Ich habe Tao Kalligrafie erschaffen.

Durch mein ganzes Lebensstudium habe ich in meinem Herzen und meiner Seele ein Ein Satz Geheimnis für die Heilung und Umwandlung allen Lebens erkannt:

Alle Herausforderungen in Bezug auf Gesundheit, Beziehungen, Finanzen und den spirituellen Weg sind auf negative Informationen, Energie und Materie zurückzuführen; die Tao Kalligrafie trägt die positivsten Informationen, Energie und Materie der Quelle, mit Liebe, Licht und Frequenzen der Quelle, die negative Informationen transformieren können,

Energie und Materie in jedem Aspekt des Lebens transformieren kann.

Dieses Buch und die folgenden Bücher der Tao Kalligrafie Reihe bringen der Menschheit das Feld der Quelle der Transformativen Kunst der Tao Kalligrafie, um jeden Aspekt des Lebens zu transformieren.

Erinnern Sie sich an die alte geheime Weisheit: da Dao zhi jian, *das größte Tao ist extrem einfach.* Das Feld Transformativer Kunst der Tao Kalligrafie ist der da Dao zhi jian Weg, der Menschheit in jedem Aspekt des Lebens zu dienen.

Es ist einer meiner größten Träume, der gesamten Menschheit zu dienen. Ich habe Tausende von herzberührenden und bewegenden Heilungsergebnisse geschaffen. Ich verspreche nichts. Ich unterstütze alle medizinischen und heilenden Systeme weltweit. Ich bin ein Diener für die Menschheit. Ich freue mich, die Tao Kalligrafie Buchreihe zu erschaffen, um zu dienen.

Das Tao Kalligrafie Feld bringt der Menschheit die Kraft der Quelle, um Ihnen in jedem Aspekt Ihres Lebens zu dienen. Dies ist das erste Buch in der Tao Kalligrafie Serie.

Üben. Üben. Üben.
Heilen. Heilen. Heilen.
Transformieren. Transformieren. Transformieren.

Ich liebe mein Herz und meine Seele
Ich liebe die ganze Menschheit
Vereinet Herzen und Seelen
Liebe, Frieden und Harmonie
Liebe, Frieden und Harmonie

Geplante Bücher der Tao Kalligrafie Reihe

ZUKÜNFTIGE BÄNDE WERDEN sich mit folgenden Themen befassen:

- Heilung des Immunsystems
- Heilung von Depressionen und Angstzuständen
- Heilung von Knieschmerzen
- Heilung von Ängsten
- Heilung von Schulterschmerzen
- Heilung von Zorn
- Heilung von Herzproblemen
- Heilung von Trauer
- Heilung der Nieren
- Heilung von Sorgen

Für jedes Buch der Tao Kalligrafie Reihe werde ich eine neue und andere Tao Kalligrafie schreiben. Ich werde die wichtigsten grundlegenden Weisheiten und Kenntnisse wiederholen. Ich werde die Leser dazu anleiten, im Feld der Tao Kalligrafie zu üben, dass durch eine oder mehrere Tao Kalligrafien in jedem Buch geschaffen wird.

Printed in Germany
by Amazon Distribution
GmbH, Leipzig

27253032R00127